Hermann Fuchslocher/Harald Hochheimer

Messen im Wandel

Hermann Fuchslocher
Harald Hochheimer

Messen im Wandel

Messemarketing
im 21. Jahrhundert

GABLER

Die Deutsche Bibliothek – CIP-Einheitsaufnahme
Ein Titeldatensatz für diese Publikation ist bei
Der Deutschen Bibliothek erhältlich

© Betriebswirtschaftlicher Verlag Dr. Th. Gabler GmbH, Wiesbaden 2000
Lektorat: Ulrike M. Vetter

Der Gabler Verlag ist ein Unternehmen der Bertelsmann Fachinformation GmbH.

www.gabler.de

Höchste inhaltliche und technische Qualität unserer Produkte ist unser Ziel. Bei der Produktion und Verbreitung unserer Bücher wollen wir die Umwelt schonen. Dieses Buch ist deshalb auf säurefreiem und chlorfrei gebleichtem Papier gedruckt. Die Einschweißfolie besteht aus Polyäthylen und damit aus organischen Grundstoffen, die weder bei der Herstellung noch bei der Verbrennung Schadstoffe freisetzen.

Die Wiedergabe von Gebrauchsnamen, Handelsnamen, Warenbezeichnungen usw. in diesem Werk berechtigt auch ohne besondere Kennzeichnung nicht zu der Annahme, dass solche Namen im Sinne der Warenzeichen- und Markenschutz-Gesetzgebung als frei zu betrachten wären und daher von jedermann benutzt werden dürften.

Umschlaggestaltung: Nina Faber de.sign, Wiesbaden
Druck und buchbinderische Verarbeitung: Lengericher Handelsdruckerei, Lengerich
Printed in Germany

ISBN 3-409-11479-3

Vorwort

Messen machen Spaß. Messen sind ein Synonym für Erfolg und Dynamik. Allein in Deutschland wurden in den letzten zehn Jahren die Ausstellerzahlen von 100 000 auf 180 000 gesteigert, die Zahl der Messebesucher stieg in der gleichen Zeit von acht auf zehn Millionen.

Die schöne Messewelt. Worte, die Zukunft verheißen: Neubau, Erweiterung, Internationalisierung, neue Messezeitrechnung, Marketingkomplettangebote, Event, Action – ja, Messe macht Spaß und ist irgendwie durchweg positiv. Allein die Statistiken der Brutto- bzw. Nettoquadratmeter im In- und Auslandsvergleich, die Aktivitäten in Singapur oder im afrikanischen Busch bis hin zum Klimazonenevent am Südpol – mit Messen fühlt man sich irgendwie „in".

Die Wirklichkeit: Irgendwie kommt es uns seltsam vor, dass es noch mehr internationale Leitmessen, noch mehr Quadratmeter, noch mehr zufriedene Messebosse – wenn oftmals auch nicht dieselben wie im Vorjahr – geben soll. Hatten Sie sich nicht erst vor kurzem über geringe Frequenzen bei „Ihrer" Messe gewundert und sich über die Messepreise, angefangen beim Eintritt über die Standmiete bis hin zum fürstlichen Preis für das 4-Quadratmeter-Hotelzimmer geärgert? Hatten Sie nicht beschlossen, die Virtualität der Messe demnächst am heimischen PC zu erleben, zumal Sie geneigt waren, die Rechnung am Messeimbiss als Anteilserwerb an der Messerestaurations AG zu verstehen? Mit anderen Worten: Messen unter Beschuss.

Was vereint Messebesucher und Aussteller von heute? Die gemeinsame Klage: „Messen sind auch nicht mehr das, was sie einmal waren." Bevor Sie jedoch verständnisvoll nicken, erlauben Sie eine Zusatzfrage: „Wären Messen denn wirklich wertvoller, wenn sie heute noch das wären, was sie früher waren?" – Ist es nicht die einzige Chance, heute eben nicht mehr zu sein, was man war, dafür aber das zu werden, was morgen gebraucht wird? Die Wirtschaft in Deutschland und in der Welt denkt um. Alte Wege, mögen sie noch so oft zum Ziel geführt haben, werden kritisch betrachtet. Jedes Element des Wirtschaftens steht jeden Tag neu auf dem Prüfstand. Jeden kann es treffen. Also auch die Messen – aber denken Messen, also die Messegesellschaften und damit die Messemacher, genauso? Lohnen sich Messen? Für wen können sie sich lohnen? Werden sie noch gebraucht? Werden sie jetzt erst recht gebraucht? Können Messen ihre Versprechungen auch halten? Können sie weg? Müssen sie weg? Bei der Frage an Radio Eriwan: „Lohnen sich Messen überhaupt noch"? lautet – wie erwartet – die Antwort: „Im Prinzip ja, man weiß nur vorher nicht welche."

Messebesucher wie Messeaussteller sollen mit diesem Buch einen Strukturkompass erhalten. Anders als Radio Eriwan soll es ihnen die Frage nicht im Prinzip beantworten, sondern ihnen eine sehr individuelle Antwort ermöglichen: „Messen lohnen sich für mich, wenn ..." Auf der Basis ihrer jahrzehntelangen Erfahrungen im nationalen und internationalen Messegeschäft wollen die Autoren mit diesem Buch helfen, über Messen, Messebeteiligungen und Messebesuche neu nachzudenken. Es ist nicht mehr so, als sei die Marktplatzsituation nur noch über Messen herzustellen. Neue Medien haben neue Wege geschaffen, und die Dynamik dieser Entwicklung wird in immer kürzeren Intervallen immer neue Situationen im Kommunikations- und Vertriebssektor schaffen. Ende offen.

Dieses Buch ist kein Abgesang auf die Messen oder das Messewesen. Es kann sogar prognostiziert werden, dass die Bedeutung der Messen im Kommunikationsmix deutlich steigt – Grundvoraussetzung hierfür ist jedoch, dass sie Spiegelbild des Marktes sind, sich nicht retrospektiv verstehen, sondern im Sinne eines dynamischen Messemarketings permanent bereit sind, den Markt von morgen zusammen mit den übrigen Teilnehmern dynamisch zu gestalten.

Für die Unterstützung bei unseren Marktanalysen und den zahlreichen Workshops zum Thema Messemarketing gilt unser besonderer Dank

Günter Baier, Geschäftsführer der Igedo, Internationale Modemesse Kronen GmbH u. Co. KG, Düsseldorf

Josef-Albert Beckmann, Präsident Gesamttextil und Inhaber der IBENA Textilwerke, Bocholt

Gerald Böse, Geschäftsführer der Igedo, Internationale Modemesse Kronen GmbH u. Co. KG, Düsseldorf

Prof. Dr. Dr. h. c. Klaus E. Goehrmann, Vorsitzender des Vorstandes der Deutsche Messe AG, Hannover

Dr. Fritz Goost, Präsident des Bundesverbandes Bekleidungsindustrie und Geschäftsführer der Bierbaum-Proenen GmbH & Co. KG, Köln

Prof. Dr. Manfred Kirchgeorg, Lehrstuhl für Marketingmanagement, Handelshochschule Leipzig

Prof. Dr. Rolf Klinke, ehem. Dekan der Fachhochschule Niederrhein, Mönchengladbach

Hartmut Krebs, Vorsitzender der Geschäftsführung der Messe Düsseldorf GmbH

Ulrich Kromer, Geschäftsführer der Leipziger Messe GmbH

Manfred Kronen, geschäftsf. Gesellschafter der Igedo, Internationale Modemesse Kronen GmbH u. Co. KG, Düsseldorf

Prof. Dr. Dr. h.c. Heribert Meffert, Direktor des Instituts für Marketing der Universität Münster

Dr. Kajo Schommer, Staatsminister für Wirtschaft und Arbeit des Freistaates Sachsen, Vorsitzender des Aufsichtsrates der Leipziger Messe GmbH

Hubert Weidemann, Inhaber der Weidemann Fashion Group, Bocholt, und Präsident des DOB-Verbandes e. V., Köln

Karlheinz Wismer, Geschäftsführer der Messe Düsseldorf GmbH

Manfred Wutzlhofer, Geschäftsführer der Messe- und Ausstellungsgesellschaft München

sowie Sabine Schaeben und Bernarda Damme.

Hermann Fuchslocher

Harald Hochheimer

Inhalt

1. Messen in Bewegung – vom Jahrmarkt zum Multimediaevent

Den weitgehend konjunkturunabhängigen Messemarkt, der über viele Jahre eine feste Größe war, gibt es nicht mehr. Das ist weder eine Bedrohung noch eine Entlastung. Es ist eine Tatsache. Die Zeiten, in denen neue Messeveranstaltungen wie Pilze aus dem feuchten Waldboden emporsprossen, sind vorbei. Messen, alte Messen und neue Messen, brauchen Vorbereitung und Erklärung – also Marketing. Die Kommunikationsanforderungen an eine Messe sind ständig größer, aber auch gleichzeitig differenzierter geworden. Die Fokussierung der Aussteller- und Besucherzielgruppen verschmilzt zunehmend. Es fehlt mehr und mehr ein objektiv überprüfbarer Nachweis des Nutzens von Messebeteiligungen, ob als Aussteller oder Besucher.

So spannend ein Messebesuch heute und zukünftig auch immer sein mag – Ernüchterung stellt sich oftmals nicht erst nach dem Messebesuch ein, sondern bereits im Vorfeld. Der Grund: mangelnde Messetransparenz und fehlende bzw. unterschiedliche Zielidentität aller Messebeteiligten. Besonders betroffen von dieser Entwicklung sind u. a. die sogenannten Outfitmessen in Deutschland. Bedingt durch den schnellen Modewechsel, die Saisons, die Konzentration bei Anbietern und Nachfragern – Industrie und Handel –, die Inflation von Früh-, Vor- und Nachmessen, Modezentren, Verbandsmessen bis hin zu zollfreien Flächen im Ausland – durchlaufen Modemessen Strukturveränderungen des Marktes sehr schnell und intensiv. Deshalb können sie beispielhaft für die Entwicklung anderer Konsumgütermessen herangezogen werden. Sicherlich in anderen Dimensionen, aber mit

Blick auf das Messemarketing als wichtiger Hinweis in einer dynamischen Entwicklung.

Beim Nachdenken über Messen wird es unterschiedliche Betroffenheiten geben. Messegesellschaften und Messeveranstalter werden sich, ihre Märkte und ihre Strategien Jahr für Jahr, Tag für Tag neu definieren müssen. Messekunden werden ihre Chancen mit Messen mit denen vergleichen, die sich bei der Nutzung anderer Wege ohne Messen ergeben. Es gibt heute Alternativen, und die zwingen zur Entscheidung. Der Bedeutungswandel, den zum Beispiel Modemessen als typische Konsumgütermessen und Treffpunkt zwischen Industrie (plus Importeur, plus Manipulant) und Einzelhandel durchleben, macht die Folgen des allgemeinen Wandels für das Messewesen deutlich.

Das „Face-to-Face-Medium" Messe weist immer stärkere Spannungsfelder auf. Eine von der HFU Hermann Fuchslocher Unternehmensberatung im Jahre 1999 in Zusammenarbeit mit der Fachhochschule Niederrhein, Mönchengladbach, durchgeführte repräsentative Analyse der Business-to-Business-Kommunikation und der Nutzenbewertung durch die Messeteilnehmer zeigt folgende Entwicklung:

1. Messen wandeln sich von Order- zu Informationsveranstaltungen. Der Informationsanspruch wird größer – die Informationsinhalte im Sinne von „tatsächlichem Spiegelbild des Marktes" und auch Zugang und Verarbeitung entsprechen immer seltener den Notwendigkeiten.

2. Fehlen auf Messen große (meinungsführende) Anbieter und Nachfrager, wird schnell die Qualität der Information in Frage gestellt. Widerstreit der Hoffnungen: Der Informationszwang und das Sichabschotten werden angesichts des Wettbewerbsdrucks zu über 80 % als zunehmendes Konfliktpotential gesehen. Wer alles von sich gesagt und alles von sich gezeigt hat, kann kaum noch neugierig machen. Wer sich nicht zeigt, weiß nicht, ob und wie er gesehen wird. Gleiches gilt für die Produktinformation plus gewünschter Servicefunktion an einem Ort und an einer Stelle.

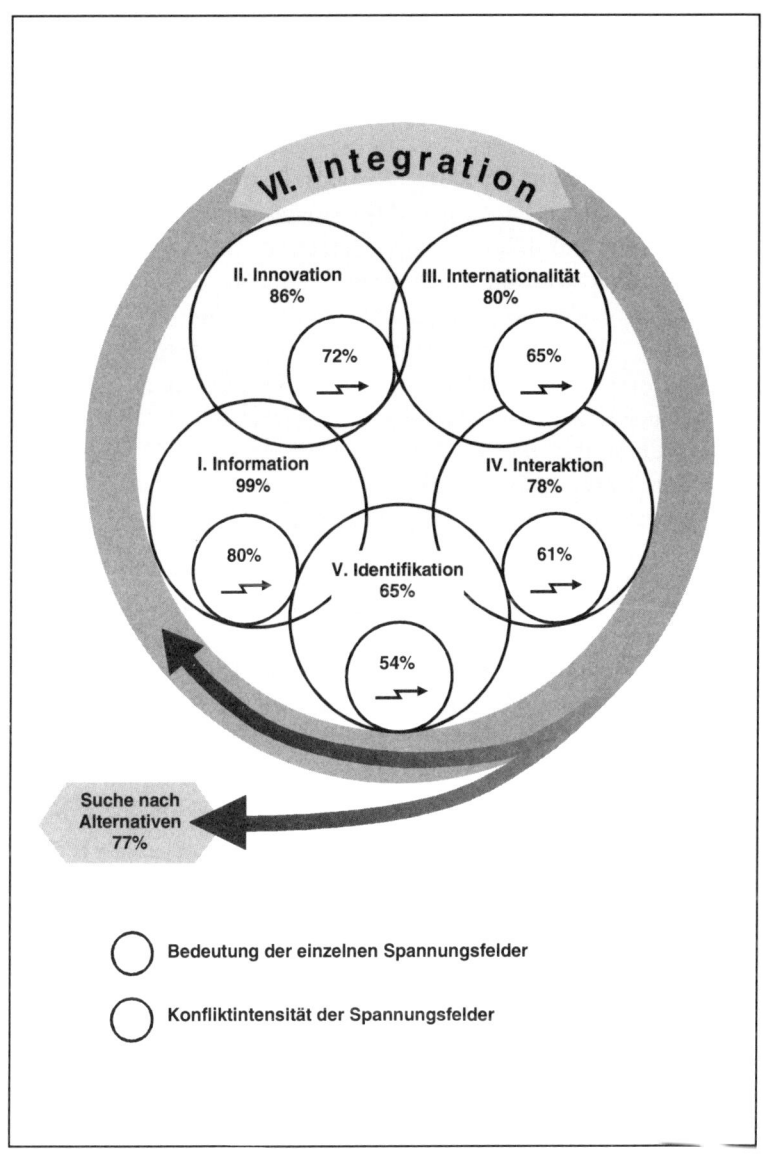

Abbildung 1: Spannungsfeld Messekommunikation

Messen in Bewegung – Vom Jahrmarkt zum Multimediaevent   15

3. Auch der Innovationscharakter einer Messe wird als problematisch gesehen. Kein Wunder, solange es keine Transparenzgarantie gibt. Der Innovationsvergleich wird nicht als leichter, sondern als schwieriger werdend bewertet.

4. Das Thema Internationalität stellt für Leitmessen einen immer wichtiger werdenden Faktor dar. Aber: Angesichts der zunehmenden Zahl nationaler und internationaler Messen, die als Leitmessen ausgegeben werden, wird die Qualität der internationalen Kommunikation und der notwendigen Präsenz des Angebots und der Nachfrage unterlaufen. Unternehmen, die früher anonym als Auftragnehmer bekannter oder großer Firmen arbeiteten (Subcontracter), treten als echte Anbieter auf. Aus ehemaligen EU-Entwicklungsländern sind echte Wettbewerber geworden, deren Leistungsfähigkeit und Preispolitik den Markt verändern. Das alles erschwert den Überblick für Aussteller und Besucher und schafft neues Konfliktpotential.

5. Daraus resultierend erhöht sich die Problemintensität des Faktors Interaktion, der die vertikale und horizontale Kommunikation von Ausstellern und Besuchern beinhaltet. Sowohl durch eine übertriebene Selbstdarstellung als auch durch eine Abschottung der Interaktionsmöglichkeiten und daraus entstehenden neuen Kommunikationsbeziehungen (Ja-Nein-Sager satt gemeinsamem Diskurs; Programmangebote als Komplettangebote) werden zunehmend neue Spannungsfelder erzeugt.

6. Last, not least steht die Identifikation der Messekommunikation auf dem Prüfstand. Die Identifikation von Angebot und Nachfrage wäre erreicht, wenn eine Übereinstimmung von Kommunikationsbedürfnis und -angebot, das Sichwohlfühlen der Messeteilnehmer durch die Kommunikation, bestünde – mit anderen Worten: Es hat sich gelohnt, es war unabdingbar, man hätte etwas versäumt, es gab keine echte Alternative. Auch hier zeigt sich, dass fast jeder zweite Messeteilnehmer der Ansicht ist, diese Identifikation würde nicht zuletzt unter dem Gesichtspunkt der Nutzenbewertung immer fragwürdiger.

Gelingt es einer Messe nicht, die so wichtigen Kommunikationsinhalte und -anforderungen unter dem überzeugenden Nachweis des Nutzens zu integrieren, suchen zwei Drittel der Messeteilnehmer nach neuen Alternativen. Dazu zählen andere Messen und messeähnliche Veranstaltungen wie zum Beispiel Verbandsmessen, Hausmessen, Roadshows, virtuelle Messen und permanente Kommunikations- und Dialogzentren, national und regional. Die konfliktorientierte Betrachtung der Kommunikationsleistungen von Messen durch ihre Teilnehmer zeigt, dass angesichts des Konkurrenzumfeldes und des Wettbewerbsdrucks das Medium Messe stärker denn je in der Kritik steht. Die steigenden Messekosten für Aussteller und Besucher, die fehlende Messetransparenz und -effizienz verstärken die Spannung.

Die aktuelle Situation der Messen definiert sich eher durch Fragen als durch Antworten: Sind Messen – und diese Frage gilt für alle Messen – schon deshalb entbehrlich, weil jeder jederzeit mit jedermann an jedem Platz kommunizieren kann?

Die nachfolgenden Thesen zum Thema Messealternativen werden jedenfalls immer lauter vorgetragen:

> Die Addition von Websites und der direkte Kontakt der Großen untereinander sind informativer und effizienter als jede thematische Messe.

> Der jederzeit mögliche Internetzugang ist ein unschlagbar hoher Vorteil gegenüber befristeten Zusammenkünften auf Messen.

> Es ist angenehmer und effizienter, sich mit seiner eigenen Geschwindigkeit durch ein digital aufbereitetes Angebot hindurcharbeiten zu können, als den direkten Vergleich unter erheblichem Zeitdruck vornehmen zu müssen.

> Die zeitlich unbegrenzte Präsentation ist für einen Anbieter im Bereich der neuen Medien wertvoller als die Schaffung einer zeitlich befristeten Situation mit Kauf- und Orderanreiz.

> In Zeiten kleiner werdender Losgrößen, kürzerer Verkaufs- und Gebrauchszeiten sowie kürzerer Innovationsintervalle muss der

Präsentationsaufwand dem geringeren Gewinn je Serie angepasst werden.

➢ Messegroßveranstaltungen finden angesichts dieser Entwicklung zu selten statt, um noch einen Anspruch auf das Prädikat „zur rechten Zeit" zu haben.

➢ Für kürzere Verkaufszeiten ist ein schlagkräftiger Verkauf wichtiger als ein großer Auftritt.

Diese Meinungen wurden einem internen Szenario großer Konsumgüterhersteller zur Messebewertung entnommen und machen deutlich: Messen stehen auf dem Prüfstand. Ziel der Prüfung ist aber nicht die Feststellung der Entbehrlichkeit. Es geht um die zukunftsadäquate Messepraxis.

Wirtschafts- und Kulturfaktor

Vom 11. Jahrhundert ins 21. Jahrhundert – von den Fürsten der Feudalgesellschaft und ihren Messen zu den heutigen Messefürsten – so wie damals, als sich die Städte um Messeprivilegien (1240 Frankfurt am Main und 1268 Leipzig) bemühten, tun Stadt und Land auch heute alles für den so wichtigen Image- und Wirtschaftsfaktor Messe. Der „Messeweltmeister Deutschland" ist darüber hinaus erfolgreich bemüht, den Export von Messekonzepten weltweit voranzutreiben. Neben diesen mehr oder weniger öffentlich-rechtlichen Privilegierten tummeln sich zunehmend auch Privatgesellschaften mit wachsendem internationalen Anteil aus Übersee in diesem Metier. Bei den „neuen" steht viel Finanzkraft bereit, um kurzfristige Erfolge zu ermöglichen. Traditionen werden da nicht begründet, da werden Geschäfte gemacht. Es hat sich gegenüber früher viel getan – was bleibt, ist oft die Frage: Spieglein, Spieglein an der Wand – wer hat die schönste Messe im Land?

Messen sind und waren Ausdruck und Schnittstelle nationaler und insbesondere internationaler Kultur. Dies gilt für die branchenübergreifenden Mustermessen vor und nach dem Zweiten Weltkrieg, ausgehend von der maschinellen Fertigung im Inland und zunehmend in der ganzen Welt, sowie für die Ende der vierziger Jahre entstandenen spezialisierten Branchen- und Fachmessen. Die weiterhin florierenden Universalmessen sind bis heute noch in der Form der großen Frühjahrs- und Herbstmessen erhalten geblieben.

Je mehr sich die Branchen in Angebot und Nachfrage überschnitten bzw. ergänzten und zu ganzen Erlebniswelten rund um das Produkt wurden, umso komplexer und komplizierter wurde die Botschaft. In den achtziger und neunziger Jahren traten die ersten Event-Messen in Erscheinung. Und nun sind wir mitten in dem immer schneller werdenden Multimediazeitalter – Messen sind Multimediaevents mit permanenter Informationsfunktion vor, auf und nach der eigentlichen Messeveranstaltung – die körperliche Messe setzt sich virtuell fort, die virtuelle Messe wird Realität. Dadurch mehr Messetransparenz zu erwarten, wäre freilich falsch – oftmals ist das Gegenteil der Fall. Mehr Quantität heißt nicht unbedingt mehr Qualität. Mehr Information steht nicht automatisch für mehr Klarheit. Die Nutzenbewertung beim Wandel von der Ordermesse zur Messe für die orderentscheidende Information wird immer schwieriger.

Geblieben ist, wie der sächsische Wirtschaftsminister Kajo Schommer es ausdrückt, „das atavistische Bedürfnis zu palavern, ein 'Balihoo' zu betreiben, zusammen zu hocken und gemeinsam etwas zu erleben und auszubrüten" – nur eben viel effizienter, cooler, straighter als früher.

Die Messe als Marktkommunikator, -mittler, -träger und -scout muss heute vor dem Hintergrund des zunehmenden Wettbewerbs mit messeähnlichen Veranstaltungen und anderen Medien ihr Nutzenpotential mehr denn je bedarfsadäquat unter die Lupe nehmen. Die Technologiesprünge, die gesellschaftlichen und wirtschaftlichen Veränderungen, die Aktivitäten der Mitbewerber sowie die dynamische Strukturveränderung bei Ausstellern und Nachfragern verlangen eine permanente Überprüfung der gewünschten Partnerschaft der Messeteilnehmer. Ziele, Rollen, Aufgaben, die Macht- und Markttransparenz sowie die Kommunikationsfunktion sind immer wieder aufs Neue bezüglich des Messemarketings zu definieren und zu prognostizieren. – Andernfalls wird die heute so dringend benötigte Transparenz schnell zum Nebel von morgen.

Ziel- und Strukturdynamik

Von 150 internationalen Leitmessen finden heute 100 in Deutschland statt. Diesen Spitzenplatz zu verteidigen und auszubauen ist angesichts der weltweiten Veränderungen nicht leicht. Die wirtschaftlichen Rahmenbedingungen ändern sich schneller und dynamischer, als es vor 20, 30 Jahren, in der Blütezeit der deutschen Messen, der Fall war. Der Wechsel von der Produktions- zur Dienstleistungs- und Informationsgesellschaft ist in vollem Gange. Die Auswirkungen auf die Gesellschaft werden immer schwieriger prognostizierbar.

Die Schwellen- und Entwicklungsländer – vor Jahren nur als Produzenten oder Subcontracter für die europäische Industrie bekannt – werden zunehmend selbst zu internationalen Handels- und Industriepartnern, um nicht zu sagen zu Konkurrenten. Gleichzeitig wird die Marktmacht der Globalplayer auf den internationalen Märkten ständig größer – die Globalisierung schreitet voran. Der Weltmarkt ist nicht mehr nur eine Chance für exportorientierte Unternehmen, er ist auch ein Einfallstor für neuen Wettbewerb. Der Wettbewerbsdruck auf die bestehenden Volkswirtschaften und Unternehmen ist so groß wie nie zuvor. Standorte sind nicht mehr unumstritten, sondern haben sich flexibel den Marktbedingungen zu stellen – Messestandorte nicht ausgenommen.

Der Markt ist kaum noch überschaubar, Entwicklungen sind nahezu unvorhersehbar und das Marktpotential, seine Ziele und Strukturen schwer analysierbar. Als temporäre zentrale Koordinations- und

Schnittstelle internationaler Entwicklungen sind Messen wie kaum eine andere Institution wachsender Kritik ausgesetzt. Ihr Nutzen wird immer wieder in Frage gestellt. Als Katalysatoren und Koordinatoren müssen sie sich immer wieder neu als Teil der Systeme und Märkte verstehen, für die sie und in denen sie wirken wollen.

Wie in Abbildung 2 dargestellt, herrschte bis zu Anfang der sechziger Jahre im Bereich der Konsum- und Investitionsgütermessen zwischen den Zielen der Aussteller und denen der Besucher weitgehend Identität. Das heißt, die Absichten, die Aussteller und Besucher mit einer Messe verbanden, stimmten in einem großen Maße überein. Die Erwartungen bezüglich ihrer Aufgaben und Rollen wurden von Messeteilnehmern und dem Messemanagement erfüllt. Übereinstimmung bestand auch bezüglich des Zeitpunkts, der Informations- und Kommunikationserwartungen sowie den Marktpotentialen.

Diese Zielidentität begann bereits in den sechziger und siebziger Jahren bis hin in die neunziger deutlich zu divergieren. Der Wandel von der Order- zur Informationsmesse führte zunehmend dazu, dass sich hinter die eigentlichen Leitmessen, die mehr und mehr als orderentscheidende Informationsmessen verstanden wurden, Ordermessen und Spätmessen und international bestückte, aber nur regional nachfragewirksam werdende Messen und (im Modesektor) Modezentren ansiedelten. Parallel hierzu entwickelten sich Frühmessen. Ihr Ziel war es, in einem immer stärker gesättigten Markt einen Wettbewerbsvorteil zu schaffen, indem bestimmte Handelsformen durch die Anbieter früher informiert wurden, um sich zum Teil dem Wettbewerbsdruck zu entziehen und vor der eigentlichen Messe den so erreichbaren Teil des Marktes abzuschöpfen. In der Kombination entwickelten sich beide Formen zu über das ganze Jahr präsenten regionalen Kontaktstellen und Informations- und Orderzentren, die zugleich noch in Verbindung mit der internationalen Informations- und Orderintensität der Messen operieren.

Angesiedelt in der Nähe der internationalen Messeplätze traten einige Unternehmen oder Zusammenschlüsse zunehmend als Konkurrenten

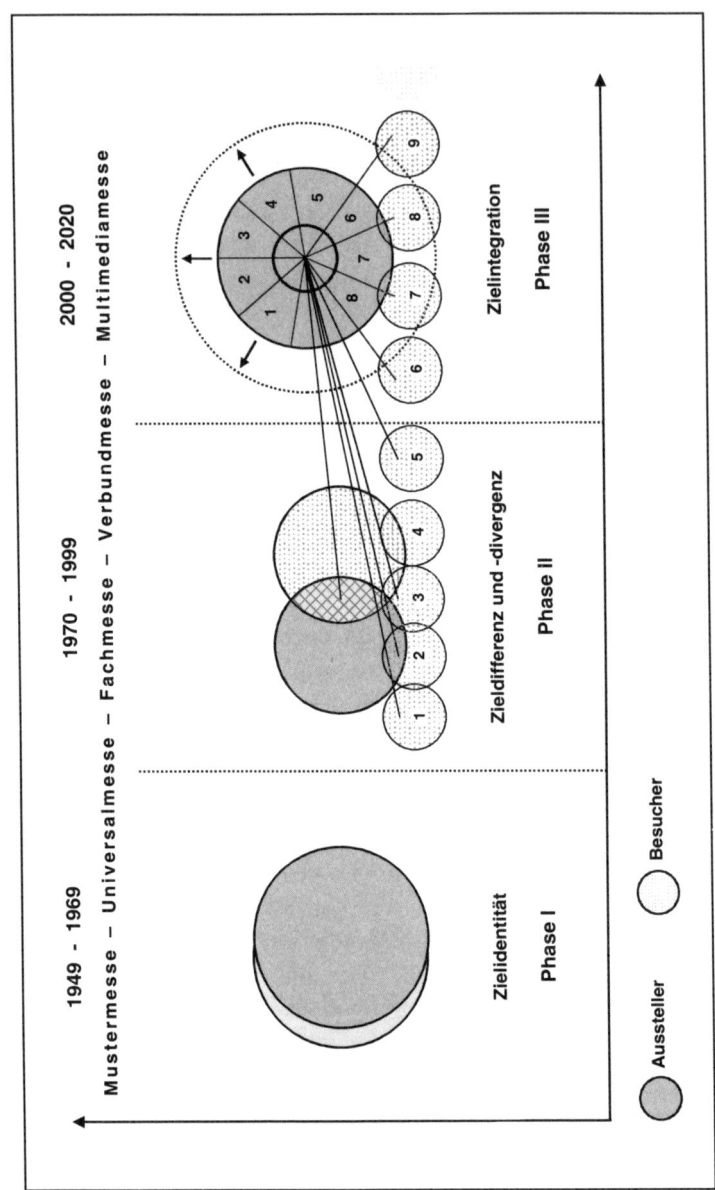

Abbildung 2: Messen in Bewegung – Ziele gestern, heute und morgen

zur Messe auf, indem sie nur noch in den eigenen Räumen ausstellten und sich dem Wettbewerbsdruck der Messe entzogen. Die anfangs noch durchgehaltene Doppelbesetzung, permanentes Angebot in eigenen Häusern plus Messeteilnahme, entfiel mit der Zeit vornehmlich unter Kosten-/Nutzengesichtspunkten. Eine ähnliche Problematik ist mit Hotelschauen an den wichtigen Messeplätzen verbunden, die unter dem Zeichen der Selektion und der Exklusivität nicht selten erreichten, dass ganze Messen ihres wesentlichen Angebots- oder Nachfragepotentials beraubt wurden und verschwanden. Bei dieser Entwicklung kann aber auch aus dem verbleibenden Kernbereich eine neue Spezialmesse geboren werden, wobei ein Teil der Basiszielsetzung der Vergangenheit als Imageträger übernommen wird. Der Wiederaufbau der grundsätzlichen Messebedeutung an diesem Platz wird jedoch schwieriger denn je.

Diese Zieldifferenzen und -divergenzen führten letztlich dazu, dass die nationale und internationale Bedeutung eines Messeplatzes abgebaut wurde und neue Messeplätze an anderen Orten entstanden. Beispiele dafür sind die Domotex in Hannover, die Bike und die Outdoor in Friedrichshafen. Auch die Ispo ist nur denkbar als Folge der Schwächung der Kölner Spoga. Das Problem der Zieldifferenz bzw. Zieldivergenz ist selbstverständlich weniger stark in sich neu entwickelnden Branchen zu finden als in weitgehend gesättigten Märkten.

Weitere „Messemutationen" entstehen unter anderem durch die Verselbständigung einzelner Ziele von Ausstellern und Besuchern in Richtung neuer Messen bzw. Spezialmessen. Oder es gliedern sich einzelne Fachbereiche aus der Fachmesse aus, um sich zeitlich nach hinten oder vorne oder sogar parallel zum bestehenden Messetermin abzusetzen. Dies können zum Beispiel Handelsverbundmessen bzw. -verbandsmessen oder auf der Anbieterseite Spezialsegmente sein, die sich angesichts nicht mehr übereinstimmender Ziele von Angebot und Nachfrage, aus Gründen des Wettberbsdrucks oder einer differenzierten Marktbearbeitung dem bisherigen Messegeschehen entziehen.

Oftmals wird der produktionsorientierte Branchenbereich durch angrenzende Bereiche – Erlebnisfelder und -welten – neu formuliert und separiert sich als Spezialmesse. Bei ausreichendem nationalen und internationalen Entwicklungspotential kann eine neue Leitmesse entstehen, die jedoch ihrerseits enorm darauf achten muss, dass, bedingt durch die dynamische Entwicklung der Erlebniswelten, nicht die zuvor dargestellte Abspaltung durch neuerliche Zieldivergenzen zur Schwächung des definierten Marktpotentials führt. So hat zum Beispiel Hannover den Bedeutungsverlust, der durch wirtschaftliche Verwerfungen die Hannover-Messe getroffen hat, durch die Etablierung der CeBit wettgemacht und sich als Standort für Zukunftstechnikmessen profiliert. Die CeBit Home hat diesen Prozess noch einmal verstärkt, indem der Messeplatz auch für Verbraucher interessanter gemacht wurde. Aber auch der umgekehrte Weg ist denkbar: dass nämlich Randsortimente, die als Erlebniswelt dem eigentlichen Branchenevent zugefügt werden, zur Kompetenz- und Potentialsteigerung des bestehenden Messeplatzes beitragen. Beispiel Düsseldorf: Mit der Euroshop wurde ein Signal für den professionellen Dienstleistungssektor gesetzt. Indem das Messeangebot um „Werben und Verkaufen" erweitert wurde, ehemals ein nicht eigens ausgewiesenes Randsegment, hat die Gesamtveranstaltung Eventcharakter erhalten und ihre Bedeutung in der Öffentlichkeit zusätzlich erhöht.

Nur in den seltensten Fällen kann im Fachmessewesen durch Abspaltung von Themen und Spezialbereichen das Marktpotential wirklich vergrößert werden. Momentan ist durch zunehmende Abspaltung von Fach- und Verbundmessen, neuen Erlebniswelten und alternativen Messeveranstaltungen wie Kongressen und Tagungen sowie durch neue Wettbewerber eher eine Marktpotentialschwächung festzustellen. Auch das immer neue Gebähren von Früh- und Spätmessen im Umfeld der Leitmesse ist nur sinnvoll, wenn es der Markt wirklich erfordert. Das heißt, wenn der Diffusionsprozess der Meinungsbildung von der ersten Idee bis zur Order berücksichtigt wird. Andernfalls wird es zu einer Schwächung der Leitmesse kommen, die sich vor allem unter Kosten-/Nutzengesichtspunkten noch verstärkt.

Veränderungen der Marktstruktur

Wenn die Zeit über eine Messe hinweggegangen ist, gibt es nichts mehr, was sie zu alter Größe führen könnte. Die Hannover Messe als ehemals unspezialisierte Investitionsgütermesse ist ein Beispiel dafür. Heute sind gerade Investitionsgüter in aller Regel Spezialentwicklungen für bestimmte Kunden. Insofern sind solche Produktgruppen nur noch als Beispiele für erreichbare Spezialangebote messefähig. Spezialisierung kann den Prozess verlangsamen, weil innerhalb einer Branche nach gleichen technischen Prinzipien gearbeitet wird. So ergibt sich eine breitere technische Basis und damit eine breitere Palette an präsentablen Prototypen.

Je kürzer der Weg vom angebotenen Produkt zum Verbraucher ist, desto eher ist das Angebot messefähig. Der Einkäufer ist Wiederverkäufer, Weiterverarbeiter. Doch in dieser Situation wirkt die Sprunghaftigkeit der Verbraucher, ihre Launenhaftigkeit und ihre wechselnde Finanzkraft bis in die Messeaktivitäten hinein. Und zwar auch dann, wenn die Verbraucher die entsprechende Messe gar nicht besuchen. Nehmen wir Modemessen als typische Konsumgütermessen. Mode steht zu jedem weiteren Konsumgut in Konkurrenz – vom Fahrrad bis zum Auto, vom PC bis zur Urlaubsreise, von der Wohnungseinrichtung bis zum abendlichen Drink. Mode wird seit Jahren in Verbrauchermedien thematisiert; viele Verbraucher verstehen sich als Experten. Mode ist Bekleidung plus Zeitgeist. Modemessen haben in den letzten Jahren einen Zuwachs an allgemeinem Interesse erfahren, weil Mode immer attraktiver und aufsehenerregender präsentiert wird. Berichte über Mode und Modemessen sind Teil eines Unterhaltungsangebots der Medien. Modemessen allgemein können als Erfolgsprototypen im Messewesen bezeichnet werden, obwohl innerhalb der Branche ein starkes Auf und Ab herrscht, das auch die Messen nicht verschont. Jede Messe ist ein Produkt ihres Anbieters, der Messegesellschaft. Messen werden für eine definierte Situation entwickelt und realisiert und haben die Aufgabe, sich durch Antizipation und Anpassung zukunftsfähig zu halten.

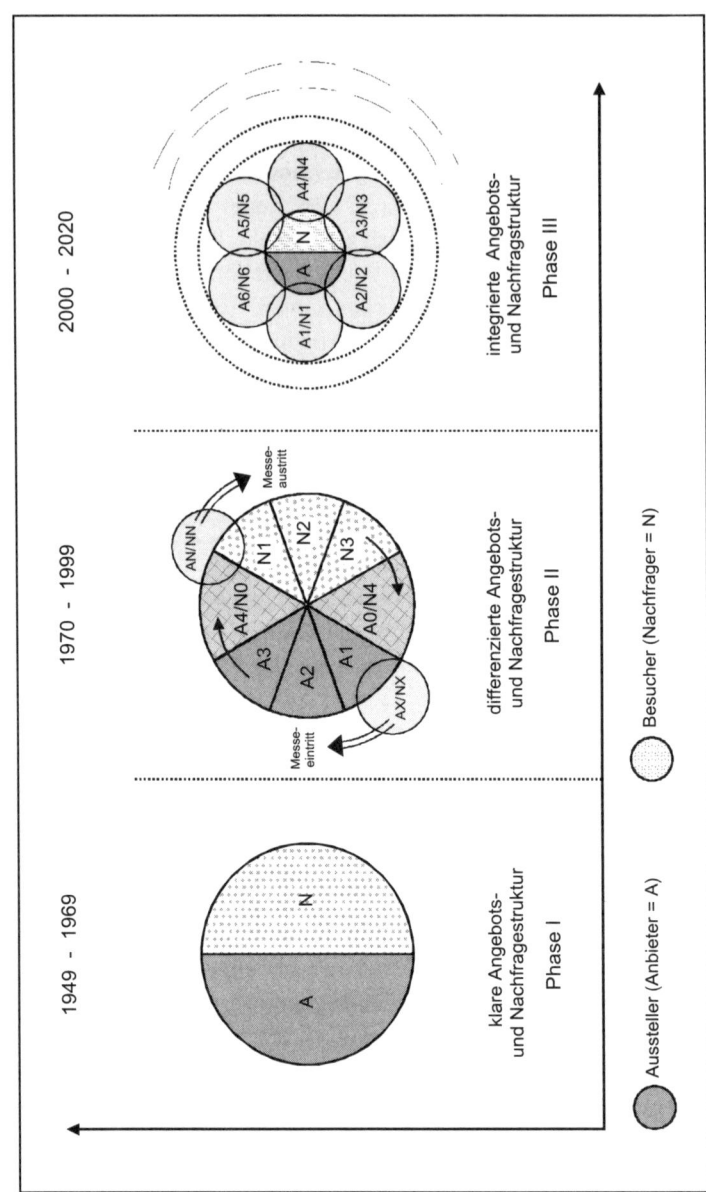

Abbildung 3: Messen in Bewegung – veränderte Angebots- und Nachfragestruktur

In der ersten Phase (Abbildung 3) war die Messesituation von einer klaren Angebots- und Nachfragestruktur gekennzeichnet. Mit anderen Worten, vielen kleinen Nachfragern stehen relativ viele kleine Anbieter, Mittelständler – im weitesten Sinne eine atomistische Konkurrenz – gegenüber. Die Ziele von Anbietern und Nachfragern, ihre Aufgaben und Rollen, ihre Macht- und Marktpotentialeinschätzung, aber auch das Informationsangebot und der Informationsbedarf, standen weitgehend im Gleichgewicht – national und international. Kurz: Viele boten an und viele fragten nach. Beinahe ideal.

Diese Situation veränderte sich in den siebziger bis zu den neunziger Jahren grundlegend. Angebots- und Nachfragepotential veränderten ihre atomistische Situation – erstaunlicherweise fast parallel. Zum einen wurden die Anbieter dank ihres eigenen Produktionspotentials, aber auch aufgrund der internationalen Verflechtungen – und nicht zuletzt wegen des internationalen Messeplatzes – zunehmend zu größeren nationalen und internationalen Einheiten. Die Nachfrager zum anderen entwickelten sich ebenfalls dank der eigenen gewonnenen Marktmacht und nationalen und internationalen Verflechtungen zu größeren Einheiten wie Filialisten, Konzernen und neuen Absatzsystemen. Die definierten Messeziele, also das Versprechen der Messemanager, richtete sich aber nach HFU-Analysen in diesen Jahren zu über 80 % nach wie vor an der traditionellen atomistischen Angebots- und Nachfragesituation mittelständischer Firmen aus. Zu dieser ersten Schieflage kam die Auslagerung der Produktion an weltweit verpflichtete Subcontracter, die selbst zunehmend als Anbieter, Aussteller und Konkurrenten mit vergleichbaren Produkten in den Markt und in die Messe traten. In der Modeindustrie hieß das: Aus nähenden Auslandspartnern wurden echte Wettbewerber.

Jede Produktionsverlagerung bewirkt auch einen Know-how-Transfer. Diese neue Angebots- und Nachfragestruktur führte dazu, dass sich Anbieter, die zum Teil unter Nutzung des Instruments Messe eine gewisse Marktmacht und Markenbedeutung erlangt hatten, sich nun von der Messe absetzten. Noch fataler wird die Situation, wenn diese Anbieter dann als Aussteller am Ort bleiben und sich als

Trittbrettfahrer rund um die Messe ansiedeln. Sie nutzen eine Messe, tragen aber durch ihre besondere Art der Nutzung zur Auszehrung der internationalen Messekompetenz bei.

Eine analoge Entwicklung auf der Nachfragerseite: Mit wachsender Marktmacht ersetzten sie den Messebesuch durch eigene messeähnliche Veranstaltungen, Verbundmessen (Einkaufsverbände) oder Direktkontakte, zu denen sie ihre Lieferanten zwecks Vorlage ins Haus baten. Phase II war erreicht. In dieser Phase begann die Funktionsverschmelzung zwischen Angebots- und Nachfrageseite: Industrieunternehmen übernehmen Einzelhandelsfunktionen, Einzelhändler produzieren ihre Ware selbst. Neue Produktions- und Vertriebskonzepte bedingen neue Aufgabenverteilungen und ein verändertes Rollenverständnis. Anbieter treten zunehmend auch als Nachfrager auf Messen auf und umgekehrt. Die ehemaligen Nur-Nachfrager (Einzelhandel) nutzen plötzlich die Produktionsstätten ihrer ehemaligen Zulieferer für die Eigenproduktion von Handelsmarken. Im Extremfall entstehen Vertikale Ketten – alles in einer Hand vom Design, über die Produktion bis zur Vermarktung am Point of Sale. Gleiches gilt umgekehrt für die Hersteller, die als Wettbewerbsreaktion nun u. a. durch eigene Shops nicht zuletzt mit Hilfe neuer Medien wie beispielsweise Internet bis zum Verbraucher vordringen.

Alle drei Entwicklungen führten dazu, dass die Bewertung von Zielansatz, Aufgaben- bzw. Rollenverständnis, Markt und Machtanwendung bis hin zur Informations- und Kommunikationstransparenz auf den Messen heute und zukünftig erheblich divergiert und somit eine objektive Messenutzung immer schwieriger macht. Nur zu schnell ist die nationale und internationale Fach- und Endverbraucherpresse bereit, diese Bewegung als Frühindikatoren für das Aus eines Messeplatzes darzustellen, ohne daran zu denken, dass solche Äußerungen ohne Verständnis der Marktsituation zu weiteren Unsicherheiten ganzer Volkswirtschaften und damit Arbeitsplätzen beitragen.

Die Phase III der „Messen in Bewegung" ist von einem immer rasanter werdenden Veränderungsprozess der Angebots- und Nachfragestruktur gekennzeichnet, dessen Auswirkungen auf die Messen und auf Messebeteiligte in ihrer Tragweite von vielen Marktteilnehmern noch gar nicht richtig wahrgenommen werden. Dies nicht zuletzt, weil die Bewegungen noch keine Richtung offenbaren. Außenstehenden erscheinen viele Veränderungen plan- und ziellos.

Messen lassen sich mit Börsen vergleichen. Die Börsenentwicklung zeigt: Der sogenannte Parketthandel, also die Zeit, in der sich Angebote körperlich gegenüberstehen, verliert an Bedeutung. Der sogenannte vor- und nachbörsliche Handel legt zu. Diese Entwicklung hat auch die Messen erreicht. Echte Messeumsätze sinken, weil mehr Umsatz außerhalb der Messen erzielt wird, nicht zuletzt durch den Einsatz modernster Kommunikationsmedien. – Und was tun die Messegesellschaften? Sie warten ab.

Dabei müssten in dieser Situation eigentlich alle Beteiligten daran interessiert sein, die Messe als Multimediaevent, nicht zuletzt auch mit Blick auf ihren eigenen Arbeitsplatz, mit allen Mitteln zu erhalten. Denn nur eine integrierte Angebots- und Nachfragestruktur schafft die notwendige Schnittstelle angesichts der zunehmend divergierenden Ziel- und Strukturveränderungen weltweit. Das heißt konkret, es muss den Messen gelingen, eine Grundkompetenz aufzubauen und die unterschiedlichen Strukturen im Sinne eines Spiegelbilds des Marktes in die Messe zu integrieren. Hierbei sollten die neuen Techniken und Medien nicht als Ersatz bzw. Alternative von Anbietern und Nachfragern genutzt werden, sondern gemeinsam mit dem Messemanagement zunehmend als Integrationsfaktor. Dadurch kann die Effizienz des Messegeschehens für alle erhöht werden.

Die auf Messen gewonnene Information kann durch neue Techniken und Medien für Aussteller und Besucher permanent im Jahr verdichtet werden und somit die orderentscheidende Information durch Messen verdichten. Aber es ist ein Zeichen des Wettbewerbs, dass sich jeder Aussteller und Besucher einer Messe als internationaler Individualist versteht und es zunehmend schwerer fällt, sich mit dem Wettbewerber hinsichtlich der gemeinsamen Ziele zu vereinigen. Hier wird in Zukunft eine der wichtigsten Aufgaben von Messegesellschaften liegen: in der Rolle als aktiver Marktmakler zur gewünschten Integration beizutragen.

Daher ist es in der Phase III, in der wir uns zur Zeit befinden, angesagt, die divergierenden Zielströme zu integrieren. Das heißt, die dritte Messegeneration befindet sich als Schnittstelle nationaler und internationaler Strukturveränderungen und Globalisierungsstrategien permanent in der Pflicht, Zielintegration für ihre unterschiedlichen Teilnehmer betreiben zu müssen. Trotzdem hält das Verselbständigen von Zielsetzungen der Anbieter und Nachfrager und deren Übergang in neue Messen weiter an, sei es durch direkte Kontakte zwischen Angebot und Nachfrage oder durch die politische Absicht, national und international kostengünstigere Messen auf den Markt zu bringen, sowohl im Interesse der Messegesellschaften wie im Interesse der Messenutzer.

Diese neuen Aufgaben zeigen, dass die Zeit der „Messefürsten", die es gewohnt sind, sich zum Messeevent zu stilisieren – oftmals mit Zepter und Reichsapfel – und im Image ihrer Lieben, sprich wichtigen Ausstellern und Besuchern zu sonnen, zu Ende geht. Der Blick hin zu den nächsten Messen ist wichtiger als die liebevolle Betrachtung einer gerade beendeten Messe. Man könnte auch sagen: Jede Abschlusspressekonferenz, die meistens vor Erfolgen „trieft", müsste eigentlich schon als Vorabpressekonferenz der nächsten Messe verstanden werden. Oder, wie es Sepp Herberger im Fußball formulierte: „Nach dem Spiel ist vor dem Spiel".

Messebewertung heute und morgen

Wann war eine Messe gut – wann war sie schlecht? Eine umfassende Beurteilung einer Messe wird angesichts zunehmend divergierender Zielsetzungen der Marktteilnehmer immer schwieriger. Es gibt keine objektiven Kriterien und keine gültigen Messverfahren. Die Messe steckt in zwei Systemen: in einem externen Netzwerk, das sich dynamisch immer wieder neu zusammenstrickt (Messenutzer) und gleichzeitig in einem internen Netzwerk, bestehend aus der Infrastruktur, dem Standort, den standortrelevanten Institutionen und nicht zuletzt den Managementqualitäten der Menschen selbst. Die Zielsetzung von Ausstellern und Besuchern, oder besser gesagt die Netzwerke, sind interdependent. Das heißt, sie müssen immer wieder neu geflochten werden und legen ihrerseits früh die Flechtmuster fest.

Um hier einen brauchbaren Bewertungsansatz zu bekommen, hat die HFU Hermann Fuchslocher Unternehmensberatung in den vergangenen zehn Jahren die Konflikttheorie in die Messemarktforschung eingeführt. In einer repräsentativen Stichprobe wurden 1998/1999 alle wichtigen Konsumgütermessen in Deutschland, England, Italien, Frankreich und Spanien untersucht. Zum einen wurden die Ziele der Aussteller, der Besucher und des Messemanagements hinsichtlich des bestehenden und zukünftigen Konsenses untersucht, zum anderen die vier Konfliktdeterminanten – 1. Ziel, 2. Aufgabe/Rolle 3. Macht- und Marktpotential und 4. Kommunikation – in Bezug auf ihre heutige und zukünftige Konsensfähigkeit analysiert. Die zusammengefasste Bewertung der Konfliktdeterminanten zeigt die erheblichen Differenzen zwischen den einzelnen Messeteilnehmern auf (Abbildung 4).

Obwohl je nach Aussteller-, Besucher- und Messemanagementtyp die Übereinstimmung innerhalb der Gruppen unterschiedlich ist, zeigen die Ergebnisse deutliche Tendenzen und eine hohe Konfliktintensität, die ein verändertes Messemarketing für die Zukunft verlangen.

Bereits beim Thema *Zielkonsens* zeigt sich, dass die Messeteilnehmer zukünftig eine deutliche Abnahme dieses Konsenses und damit eine erhöhte Konfliktintensität erwarten. Das Messemanagement hingegen bewertet die Konsensfähigkeit heute noch sehr (viel zu) hoch und geht nur von einer leichten Abnahme in der Zukunft aus. Auch das Hinzuziehen einer Verbraucheranalyse, die auf einer 1999 in Deutschland erhobenen repräsentativen Stichprobe basiert, macht deutlich, dass noch nicht einmal einem Fünftel der Bevölkerung bewusst ist, welche Ziele durch die Fachmessen im Konsumgütersektor verfolgt werden.

	Ziele		Aufgaben/Rollen		Macht-/Marktpotenzial		Kommunikation	
	heute	zukünftig	heute	zukünftig	heute	zukünftig	heute	zukünftig
Aussteller (Industrie)	63 %	→	64 %	→	67 %	→	55 %	→
Besucher (Handel)	62 %	→	70 %	→	58 %	→	72 %	→
Messe-management	80 %	→	79 %	←	79 %	→	89 %	←
Verbraucher	(18 %)	?	22 %	?	32 %	?	60 %	→

VERBRAUCHER

Abbildung 4: Messebewertung heute und morgen

32 Messen in Bewegung – Vom Jahrmarkt zum Multimediaevent

Kein Wunder: Fachmessen sind üblicherweise Fach-Professionals vorbehalten. Dass das Messeangebot (zum Beispiel in der Mode) einen Auswahlprozess auslöst, wird oft vergessen. Dass Spektakuläres gezeigt wird, aber oft lieber Unspektakuläres gekauft wird, wird von Beteiligten nur selten mitgeteilt. Verbraucher halten Messen oft für sensationell, weil in den Medien oft Sensationen gezeigt werden. Erst die teilweise Öffnung der Messen, zum Beispiel an Verbrauchertagen (Möbelmesse und Anuga, Köln etc.) integriert die verbraucherbezogenen Aspekte etwas besser. Selbst durch Modenschauen (Leipziger Modemesse) entsteht bei Nicht-Fachleuten wegen des fehlenden Bezugs zur aktuellen Saison eher Verwirrung. Hier unterscheidet der besuchende Verbraucher kaum zwischen Public Relations bzw. Imagewerbung und Information. Somit ist sein Beitrag zum Zielkonsens bezüglich der Messe entsprechend gering.

Wer macht was und warum? Hinsichtlich des *Aufgaben und Rollenverständnisses* sind die Aussteller zu 64 % und die Besucher zu 70 % der Ansicht, dass sie ihre Aufgaben bei einem Messebesuch konsensbezogen auf das Angebot definieren können. Dabei fällt auf, dass ihre eigentliche Aufgabe, das Angebot für die Nachfrager in Form von Information zwecks Order aufzubereiten, immer diffuser eingeschätzt wird. Nach dem Aufgaben- und Rollenverständnis bezüglich der Messe der Zukunft gefragt, zeigen beide Seiten deutliche Unsicherheiten. Auf die Frage „Warum stellen Sie hier auf der Messe aus?" wird nicht selten die Antwort gegeben: „Mein wichtigster Mitbewerber ist auch hier, also muss ich mich zeigen." Ähnliches gilt auch für diejenigen Einzelhändler, die sich hinsichtlich des Messebesuchs mehr vom Verhalten ihrer Mitbewerber am Ort leiten lassen als von strategischen Überlegungen. Auch wenn letztere sicherlich nur eine Minderheit sind, fordert ihre Einstellung zu Konsequenzen heraus: Sie müssen im Messekommunikationssystem als Nutzer verstärkt mit ihren eigenen Messechancen vertraut gemacht werden.

Hinsichtlich des *Markt- und Machtpotentials* sind Aussteller und Besucher der Messe noch zu weit über 50 % der Ansicht, dass sie eine Messe besuchen, weil sie das ihrer eigenen Bedeutung im Markt schuldig sind und weil es die Bedeutung der Messe verlangt. Sie weisen aber darauf hin, dass sie diese Bedeutung in Bezug auf die Messe und den gewünschten Konsens aufgrund des zunehmenden Strukturwandels und der Machtanwendung zukünftig abnehmend einstufen.

Kein Wunder also, dass der *Kommunikationskonsens* angesichts der veränderten Handelsstrukturen und anderer Konfliktdeterminanten bei den Ausstellern heute nur noch zu 55 % als gegeben angesehen wird und zukünftig sogar als wesentlich schwächer prognostiziert wird. Man habe eben Alternativen vor und nach der Messe – kurzum das ganze Jahr –, um seine Kunden nicht zuletzt dank neuer Kommunikationssysteme zu informieren. Obwohl noch immer 72 % der Besucher deutlich von Kommunikationskonsens – und hier in erster Linie vom Face-to-Face-Kommunikationskonsens – sprechen, sehen auch sie für die Zukunft eine immer stärkere Abnahme und damit Steigerung des Informations- und Kommunikationskonfliktes. Das Selektieren, das bereits das ganze Jahr im Markt erfolgt, passiert nun auch zunehmend auf den Messen, die ja eigentlich dafür da waren, einen Gesamtmarktüberblick zu geben, sich dem Wettbewerb zu stellen, Innovationen zu zeigen, Vergleiche herbeizuführen und die so wichtige Transparenz zu ermöglichen.

Ganz anders die Bewertung der *Messemanager* und Projektleiter dieser internationalen Konsumgütermessen. Bezüglich ihrer definierten Aufgaben sind fast 80 % der Ansicht, dass diese auch heute noch im Konsens mit dem Markt liegen und noch wachsen. Gleiches gilt für die Kommunikation. Die Machtveränderungen bzw. Machtanwendungen im Markt sind dem Messemanagement durchweg bewusst – jedoch sind sie gleichzeitig der Ansicht, dass sie durch eine erhöhte Kommunikationsintensität, sprich Konsensherstellung, die im Markt anhaltende zunehmende Konfliktintensität glätten können.

Nimmt man einmal – was eigentlich unkonventionell ist – die Bewertung des *Verbrauchers* hinzu, der bis auf wenige Ausnahmen kaum Zugang zu den Fachmessen hat, aber tagtäglich durch Tagespresse, Fernsehen etc. über Messen informiert wird, so wird deutlich, dass dieser hinsichtlich der Ziele, Aufgaben, Rollen und der Machtanwendung meist nur Vermutungen hat und hinsichtlich der zukünftigen Entwicklung ein deutliches Fragezeichen setzt. Auch wenn ihm der wirtschaftliche Nutzen für Stadt und Region eines Messeplatzes zu über 80 % bekannt ist, bewertet er den Kommunikationskonsens als zukünftig merklich abnehmend. „Irgendwie sind Messen wichtig für uns, aber fragen Sie mich nicht wofür." lautet oftmals die Antwort des Verbrauchers, um den es bei den Konsumgüterfachmessen auch dann geht, wenn er nicht zugelassen ist.

Was die Abbildung sagt: Es ist dringend notwendig, die zunehmenden Konfliktintensitäten, die bei allen Beteiligten auf einer Messe auftreten, wieder in Konsensfähigkeit umzuwandeln. Das ist eine Aufgabe der Messegesellschaften. Den Messebeteiligten ist zu wenig bewusst, dass sie in einem Boot sitzen, an einem Steuerrad, an einem Ruder und eigentlich nur eine Zielsetzung haben – voranzukommen. Ein Verlassen dieses Schiffes „Messe" wird hingegen nur wenige zum gewünschten Ziel führen, per Saldo viel volkswirtschaftlichen Schaden anrichten und damit Arbeitsplätze in Gefahr bringen.

Dynamisierungsfaktoren

Bei ständiger Bewegung und Gegenbewegung kommt es oft zu Ursachen- und Wirkungvermengungen. Trotzdem müssen bei der Bewertung der Messen Ursache und Wirkung auseinandergehalten werden. Ganz klar: Die Messen verlieren nicht an Bedeutung, weil sie der Konkurrenz anderer Darbietungsformen ausgesetzt sind – die Konkurrenz ist erst möglich, seit die Märkte so zersplittert sind und seit Teilmärkte mit echtem Leben ausgestattet sind. Mit anderen Worten, die Veränderungen, die erfolgreiche Messen im Markt bewirkt haben und bewirken, schlagen nach kurzer Zeit auf das Messewesen zurück. Dabei ist zu fragen, ob das mit unabwendbarer Regelmäßigkeit geschehen muss und ob der Wandel der Messen – einerseits Loslösen und andererseits Transportieren – von den Messemachern richtig wahrgenommen und in neue Planungen umgesetzt wird.

Ortsbestimmung. Wer auf einer sich horizontal und vertikal unentwegt bewegenden Scheibe den einmal eingenommenen Platz beibehalten möchte, muss sich ständig bewegen. Damit Standorttreue dargestellt werden kann, ist also höchste Flexibilität vonnöten. Die wirtschaftlichen Gegebenheiten wandeln sich unaufhörlich, aber Messeaussteller wie Messebesucher schätzen die Vorstellung, „ihre" Messe bliebe, was sie war. Da gleichzeitig sich aber auch die Messekunden wandeln, müssen Messen, die als diejenigen erscheinen wollen, die sie stets waren, sich dafür angemessen verändern.

Gleichzeitig sind Messegesellschaften Wirtschaftsunternehmen mit eigener Planung und eigenen Zielen. Ihre Veränderungen müssen kostenmäßig kalkulierbar sein und in ein langfristiges Konzept passen. Sie definieren sich nicht nur über die Fremdbetrachtung – also die Erwartungen ihrer Aussteller und Besucher –, sondern auch über die Selbsterwartungen. Ihre Ziele aber sind in aller Regel nur dann erreichbar, wenn viele, sehr viele Partner gefunden werden, die davon überzeugt sind, ihre jeweils eigenen Ziele oder Teilziele am besten mit den Messen gemeinsam erreichen zu können. Deshalb beziehen sie ihre potentiellen Kunden gerne in die Planung mit ein und suggerieren so Bewegung im Gleichschritt. Marschieren im Gleichschritt wird im Übrigen noch am ehesten mit der Beibehaltung einer festen Position innerhalb einer Bewegung gleichgesetzt.

Gemeinsam – getrennt – kooperierend? Messegesellschaften, Aussteller und Besucher gehen los in der Hoffnung, auf gemeinsamem Weg zu unterschiedlichen Zielen zu gelangen. Was für eine Vorstellung! Hat sich dieser merkwürdige Zug, den man sich wohl am besten als eine Art Kreuzung aus einem Western-Treck und einem Lkw-Rennen mit Le-Mans-Start vorstellt, gemeinsam in Bewegung gesetzt, so beginnt sofort das, was Konvoi und Rennen häufig belastet: Die ersten Ausfälle finden schon beim Start statt, und mit jeder Runde und jedem Kilometer fallen weitere Teilnehmer aus. Teils, weil sie gar nicht so weit wollen; teils, weil sie nicht mehr können; teils, weil sie ihre Ziele korrigiert haben oder weil ihnen ihre Nachbarn im Treck nicht gefallen. Manche Teilnehmer gefallen sich als Pfadfinder und suchen einen eigenen Weg. Manche fahren zwar auf eigene Faust, halten aber Blickkontakt zum Treck – sie möchten einerseits für ihre Teilnahme nicht bezahlen, andererseits von der mutmaßlichen Führungskompetenz der Treckmanager profitieren. Daneben gibt es Zugänge: Seiteneinsteiger der Branche können es irgendwann für geboten halten, Branchenzugehörigkeit durch Messepräsenz zu dokumentieren. Andere werden durch die Teilnahme ihrer direkten Wettbewerber geradezu auf die Messe gezwungen. Wieder andere möchten ihre Exportaktivitäten ankurbeln. Für sie ist dies der Termin, zu dem sie an nationalen Messen mit hohem Auslandsbesucheranteil oder aber an ausländischen Messen teilnehmen. Dabei ist es keine Seltenheit, dass der Messebesuch mindestens ebenso stark dazu dient, Auslandsrepräsentanten zu finden wie vorhandene Auslandskunden zu bedienen und neue zu akquirieren.

Ein Teil derer, die frühzeitig ausscheren oder ausscheiden, organisiert oder lässt eine eigene Veranstaltung nach dem Vorbild des Trecks organisieren, den sie gerade verlassen haben. Etwas kleiner, etwas homogener zusammengesetzt, aber im Prinzip mit den gleichen Chancen und den gleichen Problemen ausgestattet. Bezogen auf das Messewesen kann das eine Frühmesse ebenso sein wie eine Spezialmesse bestimmter Funktions- oder Anlassprodukte.

Das alles belegt: Messen können gar nicht anders, als sich immer wieder zu wandeln. Bei systematisierender Betrachtung zeigt sich, dass es vier Dynamisierungsfaktoren sind, die sie immer wieder zu Korrekturen und Änderungen zwingen.

Die permanente Veränderung der Partnerziele. Der Wunsch der Messeplaner zum Beispiel nach immer wieder gleichen Terminen (zum Beispiel: erstes Wochenende eines bestimmten Monats oder immer vier Wochen nach einer anderen Branchenveranstaltung) führt zu immer wieder neuen Zusammensetzungen, weil die eingeplante zeitliche Kontinuität nicht mit den Zielen der Flexibilität und dem Änderungszwang der Aussteller und besuchenden Unternehmen harmoniert.

Die Rollen- und Aufgabenstrukturen der Messeteilnehmer. Alle Branchen erleben Fluktuationen, Pleiten und stille Schließungen, Neugründungen, Geschäftsausweitungen, Fusionen, neue Produkte, Marktsättigung usw. Daraus ergeben sich Veränderungen auf der Aussteller- und der Besucherseite. Die neuen und alten Partner können im Übrigen dem Kontinuitätswunsch auf der Position Zeit durchaus kritisch gegenüberstehen.

Die Mengen. Je weiter sich ein Markt entwickelt, je dichter das Netz der Wettbewerber geworden ist, desto geringer sind bei ausbleibendem Wachstum der zahlungsfähigen Verbrauchernachfrage die je Anbieter zu verkaufenden Mengen. Daraus, dass Präsentationskosten und Vertriebskosten auch mengenabhängig sind, ergibt sich: im frühen und späten Stadium einer Branche stehen die Kosten häufiger im Missverhältnis zu dem über eine Messe erreichbaren Mengenziel. Neue Märkte oder Teilmärkte empfinden sich häufig als noch nicht messefähig, alte oft nicht mehr messefähig.

Neue Wege in Kommunikation und Vertrieb. Die Fortbewegung im Konvoi engt Spielräume ein, verlangt Disziplin und schafft Kontrollmechanismen und erhöhte Transparenz durch dauernde Beobachtung. Für viele Unternehmen sind das gute Gründe, den ersten möglichen Absprungtermin zu nutzen und auf eigenen Wegen die Ergebnisse zu sichern, die bisher durch die Messeteilnahme gesichert werden sollten. Messeteilnahmen haben für Aussteller offenbar das Ziel, sich überflüssig zu machen.

Aus den erkannten Problemen ergibt sich eine veränderte Aufgabenstellung: Messeplanung ist der Versuch, dem Marktchaos einerseits ein Korsett überzustreifen und sich andererseits dem Chaos durch geschickte Bewegung anzupassen. Es gilt, die Konfliktdeterminanten und Dynamisierungsfaktoren für Aussteller, Besucher und das Messemanagement intensiver zu analysieren, die Probleme aufzuzeigen und auf dieser Basis praktikable Lösungen zu finden.

2. Mode- und Outfitmarkt

Gute Beispiele ersparen schwierige Erklärungen: Keine Messeform ist so prädestiniert, als Beispiel für die Veränderungen im Messemarketing zu dienen, wie die Messen im Mode- und Outfitmarkt. Aufgrund des Produktes, seiner Ausstrahlung, seiner Emotionalität, der schnellen Saisonwechsel und der rasanten Marktveränderungen, national und international, laufen Entwicklungen in dieser Branche schneller ab, haben größere Höhen und Tiefen und damit deutlichere und raschere Auswirkungen auf ihre Messen. Der Begriff Mode beschränkt sich hier nicht nur auf die Bekleidung für Damen, Herren und Kinder, sondern umfasst auch die Bereiche Sport, Schuhe und Accessoires sowie Textil, Heimtextil und Möbel, die alle einen hohen Grad an Emotionalität aufweisen. In keiner anderen Branche haben sich die Kommunikations- und Vertriebskonzepte in den letzten zehn Jahren so dynamisch geändert.

Die Addition von Modemarketing und Messemarketing – in Deutschland befinden sich die internationalen Leitmessen für Damen- und Herrenbekleidung, Schuhe, Sport und Freizeit – lässt erwarten, dass hier für die Zukunft Konzepte und Impulse geschaffen werden, die auch für andere Konsumgütermessen beispielhaft sind. Das macht Modemessen nicht zu Vorbildern für andere Messen, aber zu Wegbereitern – im Guten wie im Schlechten.

Der Mode- und Outfit-Markt steht exemplarisch für die rasante Entwicklung im Messemarketing. Mit über 300 Milliarden Euro, bewertet zu Einzelhandelspreisen, im Bereich Textil, Bekleidung, Sport, Schuhe, Leder, Accessoires, Heimtextilien und Möbel zählt er zu den wichtigsten Konsumgütermärkten, in denen die Messen auch 1999 noch zu über 80 % die orderentscheidenden Informationen liefern. Die tatsächliche Ordervergabe auf Messen hingegen ist in den letzten zehn Jahren um fast 50 % gesunken. Angesichts des emotionalen Produktes Mode und des damit verbundenen Diffusions- bzw. Entscheidungsprozesses suchen die Anbieter auf allen Stufen eine Absicherung durch internationale Wettbewerbs- und Marktübersicht. Entsprechend zählt die Trendabsicherung zusammen mit der orderentscheidenden Information zu den wenigen Zielübereinstimmungen von Ausstellern und Besuchern. Die Intensität der Zielsetzung Order ist auf heutigen Messen gegenüber früher deutlich anders gewichtet, obwohl fast zwei Drittel der Aussteller auch heute noch das Kosten-/Nutzenverhältnis einer Messe – wie vor 20 Jahren – an der Messeorder festmachen.

Die Gegenseite: Es gibt Aussteller und Besucher, die auf Messen überhaupt nicht ordern, sondern vor und nach der Messe schreiben; die keine kontinuierliche Messepräsenz zeigen, sondern nur zur Markteinführung bzw. zur ersten Marktübersicht kommen oder Messen in erster Linie unter Imagegesichtspunkten besuchen oder lediglich als Ideenbörse nutzen. Trotzdem sehen die Beteiligten in der Warenpräsentation auf einer Mode- oder Stoffmesse einen ersten saisonalen Höhepunkt, eine Beurteilungszäsur und eine Vorentscheidung für spätere Saisonverläufe. Allerdings gab es in den letzten Jahren kaum eine Messe, die nicht von Ausstellern, Besuchern und Medien mit Blick auf traditionelle Bewertungsmaßstäbe kritisiert wurde. Man fragt immer häufiger: „Muss ich an einer und an gerade dieser Messe teilnehmen oder nicht?"

Das Gesamtfeld des Modebusiness entwickelt sich zunehmend paradox. Die Menge der verkauften Messeflächen hat sich in den vergangenen 20 Jahren um fast 50 % erhöht, rechnet man einmal die neu hinzugekommenen nationalen Messen, regionalen Orderzentren, Verbandsmessen und sonstige messeähnliche Veranstaltungen zusammen. Gleichzeitig hat sich die Quadratmeterfläche im Handel in der gleichen Zeit nur um 35 % erhöht – bei rückläufigem Anteil des Facheinzelhandels und zunehmender Konzentration der größeren Handelsformen. Und die Anzahl der Konsumenten in Europa stieg – auch bei Hinzunahme des osteuropäischen Raumes – in diesem Zeitraum nur gering. Fazit: Eine kaum erhöhte Nachfrage mit zugleich rasanten Konzentrationsbewegungen im Handel steht einem immer größeren Angebot an Messen und messeähnlichen Veranstaltungen gegenüber, die alle mit Ware bestückt werden.

Wer rechnen kann, kennt die Folgen: Jahr für Jahr werden fast 25 % mehr Mode (also Ware) produziert als nachgefragt. Doch genau diese Entwicklung begünstigt die Modemessen: Auch wenn im Just-in-time-Zeitalter das permanente Angebot in der Mode immer wichtiger geworden ist, bestimmt nach wie vor die Vororder den Trend in einer Branche, die im Januar im Rahmen ihrer Order und Disposition darüber entscheiden muss, was der Konsument im Herbst und Winter bzw. September/Oktober des gleichen Jahres tragen wird. Diese unter sehr viel Unsicherheit durchzuführenden Dispositionen sind mit hohen Fehlerquoten verbunden. Aus der Breite des Angebots sind Erfolgsthemen nicht mit Sicherheit zu prognostizieren. Angesichts des Überangebots wird dennoch immer früher präsentiert und disponiert, wovon man sich eine kurzzeitige Alleinstellung und damit einen Vorteil verspricht.

Markt- und Messestrukturen

Eine Gegenüberstellung der Markt- und Messestrukturen, wie sie sich 1960, heute und zukünftig darstellen bzw. darstellen werden, macht deutlich, dass die Forderung an das Messemarketing, Spiegelbild des Marktes zu sein, immer schwieriger zu realisieren sein wird (Abbildung 5). Fassen wir die Bereiche Damen-, Herren-, Kinder- und Sportbekleidung sowie Schuhe und Heimtextilien als „Outfit- bzw. Modemarkt" zusammen, so zeigen die Marktstrukturen in den sechziger und siebziger Jahren, dass das Angebot zu über 80 % aus mittelständischen, kleineren Firmen bestand. Ca. 20 % können als Großanbieter bezeichnet werden, weil sie schon damals über 100 Millionen DM Umsatz realisierten. Gleiches trifft auf die Nachfrageseite zu. Auch sie bestand zu zwei Dritteln aus kleineren und mittelständischen

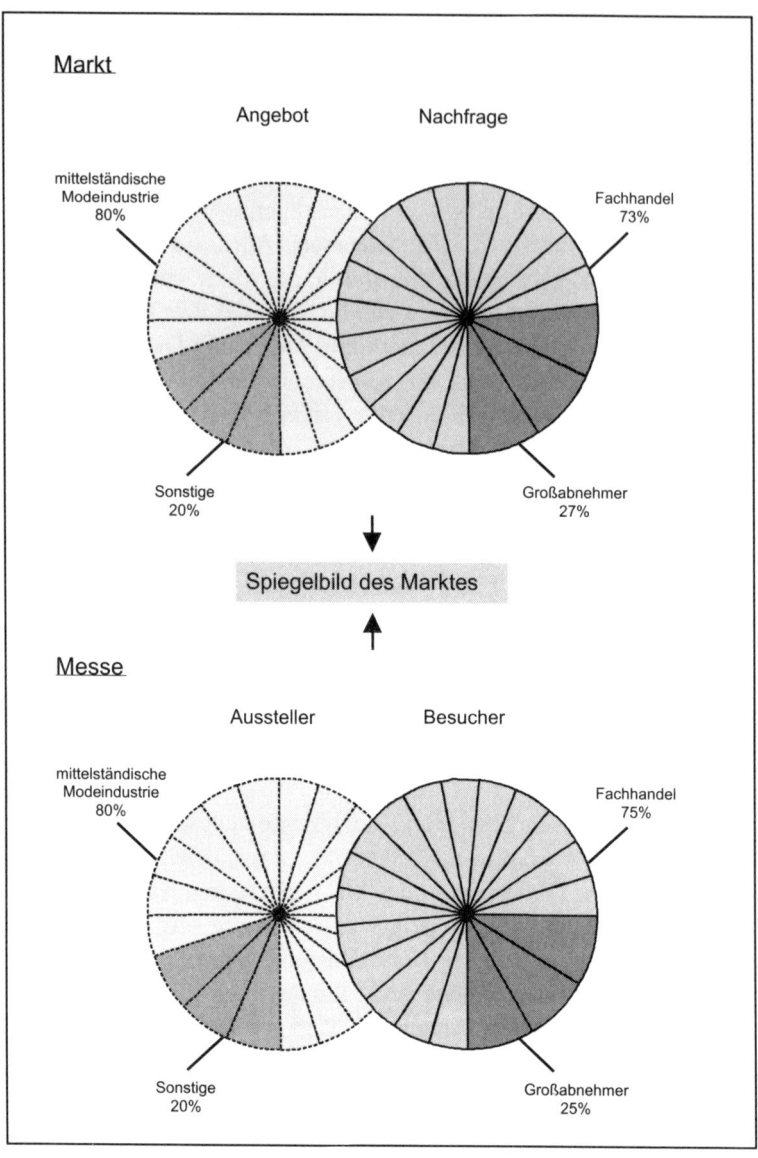

Abbildung 5: Modemarktstruktur gestern

42 Mode- und Outfitmarkt

Fachhändlern, der Rest wurde von Großabnehmern, wie den ersten Einkaufsverbänden, Versendern, Kauf- und Warenhäusern und Filialisten bestimmt.

Ähnliches zeigt auch die Struktur der Messen in diesen Jahren. Ca. 80 % der Aussteller gehörten zur mittelständischen Mode- bzw. Outfitindustrie und 20 % waren größere Angebotsformen. Die Besucher waren zu 75 % als mittelständische, kleinere Fachhändler und zu 25 % als Großabnehmerformen zu klassifizieren. Die Messen stellten national und international ein Spiegelbild des Marktes dar. Die Messeziele der Markt- und Messeteilnehmer waren weitgehend identisch. Die angenehme Folge: Das Informations- und Orderziel beider Seiten wurde zu über 90 % auf Messen erreicht.

Die Messe- und Modemarktstrukturen von heute und morgen sehen hingegen deutlich anders aus (Abbildung 6). 1999 entspricht die Struktur der Messeaussteller zunehmend nicht mehr der Anbieterstruktur im nationalen und internationalen Markt. Nach wie vor stellt zwar das klassische mittelständische Angebot mit 41 % auf dem Markt die größte Gruppe dar, aber es wird zunehmend durch Subcontracter, Importeure und Lohnfertiger sowie Händler, die nun mit einer Eigenmarke auftreten, mitbestimmt. Von den klassischen Anbietern befinden sich rund ein Siebtel (ca. 15 %) auf dem Weg zur Modemarke und suchen nach neuen Präsentations- und Distributionswegen. Die wirklich internationalen Modemarken stellen ca. 12 % des internationalen Marktes. Hinzu kommen Lizenzen u. a. für Schuhe, Accessoires, Parfüm, Heimtextilien und Möbel, die sie rund um die Modemarke anbieten, mit ca. 3 % Marktanteil. Die Mischformen, oftmals Branchenfremde, die sich dem Sektor Mode im Zuge der Diversifikation gewidmet haben, wachsen zunehmend – seien es Textilien von BMW oder von Daimler Benz. Gleiches gilt für die Vertikalen, wie Hennes & Mauritz, Gap oder s.Oliver und Mexx, die ein lifestylebezogenes System inzwischen über alle Fertigungsstufen bieten. Auch der Lifestyle- und Sportswearsektor, in dem Sport als Trendfaktor dient, nimmt weiter zu. Auf diese Gebiete hat der klassische Anbieter bisher so gut wie keinen Zugriff.

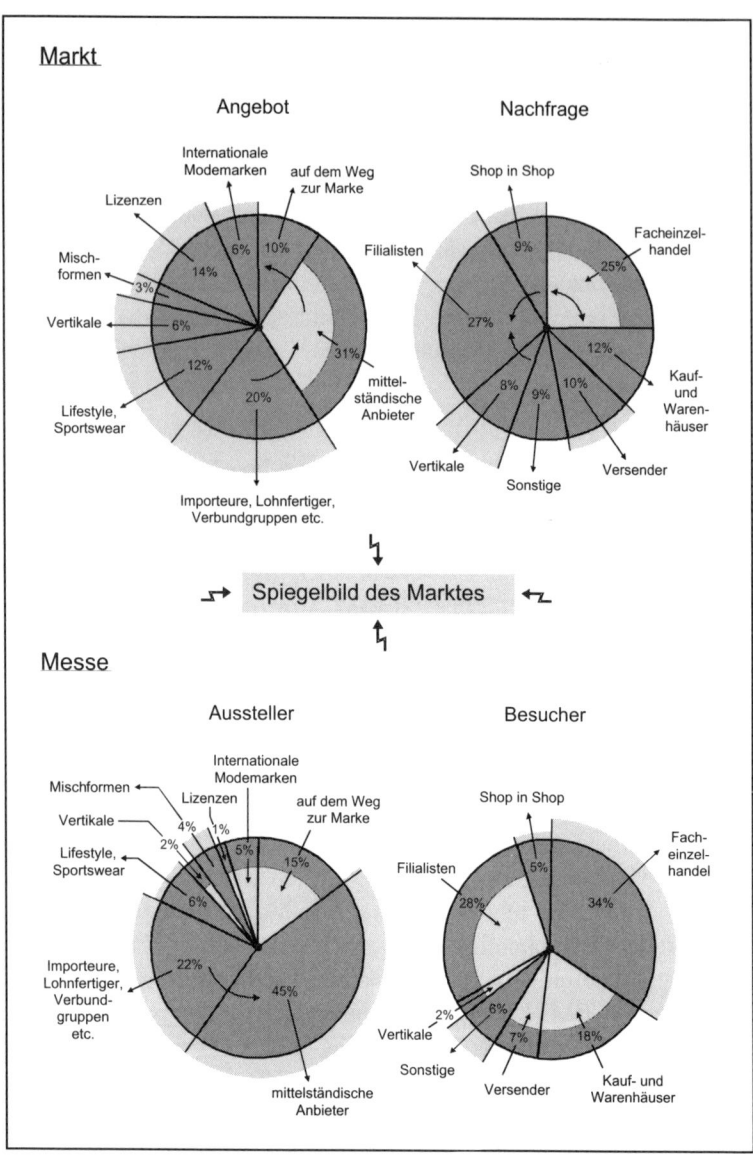

Abbildung 6: Modemarktstruktur heute und morgen

44 Mode- und Outfitmarkt

Die 41 % klassischen Anbieter finden keine Entsprechung mehr auf der Handelsseite: Der Facheinzelhandel in seiner klassischen Form hält heute noch ca. 25 % Marktanteil im Outfitsektor und geht weiter zurück. Hingegen haben die Filialisten, die Vertikalen, die Franchiser, der Systemhandel, aber auch der industrieeigene Vertrieb, Marktanteile gewonnen und werden sie auch weiterhin gewinnen. Gleiches gilt für die „Sonstigen", oftmals Branchenfremde wie zum Beispiel die Kaffeeröster Tchibo und Eduscho, die sich dem Sektor Mode gewidmet haben. Auch die Versender werden ihren heutigen Marktanteil von ca. 10 % mit dem Einsatz neuer Techniken und Medien weiter ausbauen können. Die Kauf- und Warenhäuser mit einem heutigen Marktanteil von 12 % werden durch die Shop-in-Shop-Systeme, die Wiederbelebung ihrer Spezialisierung und ihres Fachhandelscharakters und durch ihr internationales Engagement ebenfalls wachsen.

Die klassischen Anbieter bestimmen heute aber mit einem Anteil von 67 % nach wie vor das Bild der Messe. Nimmt man die Importeure, Lohnfertiger oder Subcontracter hinzu, die zunehmend mit eigenem Angebot auf den Markt wollen, so besteht die Ausstellerstruktur zu 82 % aus diesen mittelständischen Anbietern, die im Markt heute nur noch 60 % ausmachen, mit abnehmender Tendenz. Der Anteil der Firmen, „die auf dem Weg zur Marke sind", fällt zunehmend als Messeaussteller aus, weil diese sich von den Messen separieren und andere Präsentationsformen, oft im Umfeld der Messe („Trittbrettfahrer"), zur erhofften Markenbildung wählen. Die internationalen Modemarken sind zwar noch zu 5 % Aussteller, viele haben sich jedoch schon rund um die internationalen Messen angesiedelt, um von ihnen zu profitieren, sich aber gleichzeitig von ihrem großen, teilweise mittelmäßigen Angebot abzuheben. Die Mischformen und die Vertikalen nutzen den Messeauftritt oftmals nur zur Markterschließung, um nach ein, zwei Jahren die Messeplattform wieder zu verlassen. Der Lifestyle- und Sportswearbereich nutzt die Messen intensiv als Event-Chance. – Frage: Wie lange noch?

Noch eine Verschiebung: Die Struktur der Messebesucher stimmt nicht mehr mit der Struktur des Einzelhandels im Gesamtmarkt überein. Auf der Messe ist der mittelständische Facheinzelhandel, national und international, mit 34 % weitaus stärker vertreten als im Markt. Die Filialisten, die heute fast 28 % der Messebesucher ausmachen und damit der Marktstruktur entsprechen, werden zukünftig aufgrund ihrer Marktmacht (Nachfragemacht) weniger Messen besuchen. Ähnlich wie die großen Konzerne bittet man vor und nach den Messen die Lieferanten zwecks Vorlage ins Haus. Dann werden nur noch zur Marktübersicht ausgewählte Messen von wenigen Einkaufsentscheidern genutzt. Auch Shop-in-Shop-Systeme rufen nicht nach Messebesuchen. Detaillierte Verträge ersetzen Information und Entscheidung. Ebenso macht es für Vertikale und Versender, aber auch für Kauf- und Warenhäuser aufgrund ihrer Größe und Zielsetzung zunehmend keinen Sinn mehr, die Messen regelmäßig zu besuchen. Sonstige, oftmals Branchenfremde wie Eduscho, Tchibo oder Aldi, nutzen die Messen wie nie zuvor zur internationalen Angebotsübersicht, also als Besucher.

Die Nichtübereinstimung von Messe- und Marktstrukturen erzeugt Konflikte, die zukünftig noch intensiver werden, da das Messemarketing nach wie vor zu über zwei Dritteln auf die traditionellen Angebots- und Nachfrageformen ausgerichtet ist. Die richtige Frage lautet dennoch nicht: „Brauchen wir noch Modemessen?", sondern: „Welche Modemesse brauchen wir für die Zukunft?"

Informations- und Orderverhalten

Die Modebranche und die Modemessen haben sich auf ein Wechselspiel des Wandels eingelassen. Noch in den siebziger Jahren und zu Anfang der achtziger Jahre wurde die Hauptorder für Herbst/Winter primär in den Monaten Februar bis April vergeben (Abbildung 7). Es gab für die Damenmode noch eine Igedo I und eine Igedo II, von der Branche als Vormusterung und Hauptmusterung bezeichnet. Während

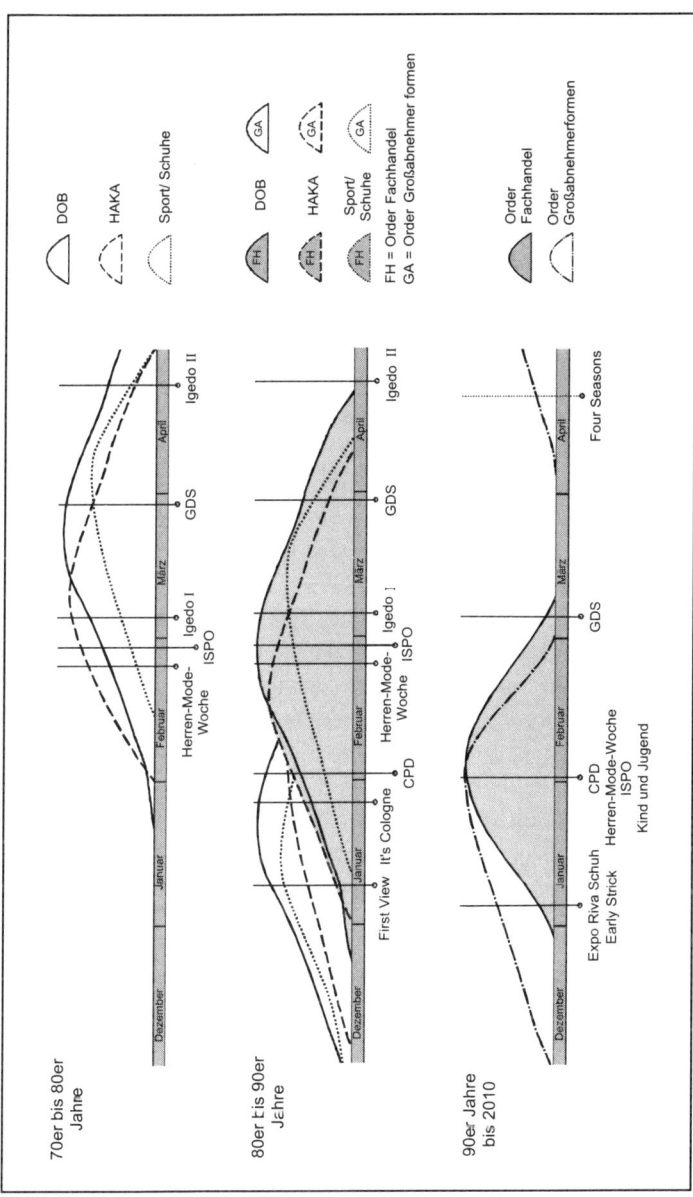

Abbildung 7: Informations- und Orderverhalten (am Beispiel einer Herbst-/ Wintersaison)

Mode- und Outfitmarkt 47

auf der März-Igedo neben der ersten Vororder zunehmend Sofort- und Nachorder geschrieben wurde, stellte die April-Igedo den Order- höhepunkt in der DOB dar. Der Termin der Herren-Mode-Woche und der Interjeans lag Ende Februar und galt als Premiere für die Voror- der des nächsten Herbstes. Für die Sommersaison gelten analog Au- gust/September/Oktober-Termine. Die gleiche Funktion hatte die ISPO für den Sportmarkt Ende Februar und ab 1979 für die Sommer- saison mit wechselnden Terminen meist Anfang September.

Alle Handelsformen, vom Fachhandel bis zu den Großabnehmern, richteten ihr Informations- und Orderverhalten weitgehend ähnlich aus. Zunehmend aber wünschten sich die größeren Formen des Han- dels einen früheren Termin, um hier gesondert und nicht selten unter Preisgesichtspunkten mit der Industrie zu operieren. Angesichts der zunehmenden Auslandsfertigung nahm die Industrie den Termin gerne wahr, um frühzeitig Aufträge zu bekommen und so mit weniger Risiko die Produktion planen zu können. Die Großformen des Han- dels begannen ihre Orderrunde früher als der kleine und mittlere Fachhandel und beendeten sie nicht selten schon dann, wenn der Fachhandel erst anfing zu ordern. Der Fachhandel nahm diese zeitli- che Benachteiligung nicht hin. Eine neue frühe Messe, die Collec- tions Premieren, wurde Anfang Februar/Anfang August installiert. Die It's Cologne folgte dem frühen Prinzip der CPD, und mit Messen wie der Interselection, den Fashion Promotions oder der First View wurden immer frühere Messen für die veränderten Zielsetzungen der Angebots-, aber insbesondere Nachfrageseiten geschaffen. Der Faktor Zeit wurde für das Messemarketing zum Erfolgsfaktor.

Obwohl der Fachhandel, national und international, als der eigentli- che Trendsetter gesehen werden muss, beugten sich industrielle An- bieter den Machtverhältnissen im Handel und bedienten die wichti- gen, großen Handelsformen vorab. Nur zögerlich nahm der Fachhandel die neuen Termine auf, die aus heutiger Sicht für ihn nicht mehr wegzudenken sind. Das Marketing der Düsseldorfer Mes- segesellschaft Igedo Company stellte sich in den achtziger und neun- ziger Jahren durch den Faktor Zeit und die unterschiedliche Ansprache der Angebots- und Nachfragestrukturen als marktführend bei Modemessen dar. Kein Wunder also, dass sich die Messen für Herren, Kinder- und Sportmode diesem erfolgreichen Termin näherten und – heute nicht immer leicht zu verstehen – für den gesamten Handel beinahe parallel zur CPD stattfinden. Vom Trend nach vorne blieb auch die Schuhmesse GDS in Düsseldorf nicht verschont, wobei sie immer in Konkurrenz zum italienischen Wettbewerber, der Schuhmessen in Mailand bzw. Bologna, gesehen wird. So entwickelte sich in Riva ebenfalls eine Frühmesse, die schon im Januar bzw. Juli im unteren Preisbereich die Vororder für Herbst/Winter bzw. Frühjahr/Sommer einläutet.

Mehr Messen bei fast unverändertem Geschäftsvolumen bedeuten, dass sich das Kosten-/Nutzenverhältnis reziprok zur Anzahl der Messen entwickelte. Folge war, dass die späten Messetermine, einer nach dem anderen, wegbrachen. Parallel dazu entwickelten sich in Deutschland Mode- und Outfitzentren, die zusätzlich zur Messezersplitterung weitere regionale Alternativen zur Messe boten. Denn hier kann der Einzelhandel permanent oder zu bestimmten Terminen das Order- und Lieferangebot sichten.

Die aktuelle Modemessen-Landschaft: Es gibt bis heute Frühmessen, wie die Interselection, die Schuhmesse in Riva und teils Modezentren- und Ordermessen wie die Early Strick, die für Fachhandel und Großabnehmer den Informations- und Orderprozess einleiten. Anfang Februar/Anfang August präsentiert man sich dann auf CPD, Ispo, Herren-Mode-Woche/Interjeans, Kind + Jugend den Großabnehmerformen und dem Fachhandel. Danach finden eine Fülle von regionalen Veranstaltungen, u. a. in Leipzig, München, Hamburg, Stuttgart, Hannover, Sindelfingen, Eschborn, Amsterdam und Brüssel statt, wo auf Basis der auf den Leitmessen gewonnenen Informationen die Aufträge geschrieben werden.

Zusätzlich zu der vom Zeitfaktor verursachten Entstehung immer neuer Messen ist eine Absplitterung von Angebotsbereichen in Spezialmessen zu beobachten. So entstanden eigenständige Messen u. a. für Dessous, Country-Moden, Bike und Outdoor, weil sie ihre Interessen auf den traditionellen Leitmessen nicht genügend berücksichtigt fanden. Der Wettbewerb der Messen zwingt die Messegesellschaften zur Spezialisierung ihrer Veranstaltungen.

Um den Wettlauf um immer frühere Messe-, Order- und damit Liefertermine sowie den wachsenden zeitlichen Abstand der angebotenen Ware zu den tatsächlichen Jahreszeiten und die damit verbundene Zunahme der Abschriften zu stoppen, entwickelte die Igedo Company in Düsseldorf 1995 die Idee der „Four-Seasons"-Messen. Das Ziel: Angesichts der immer größeren Umschlaggeschwindigkeit der Vertikalen und anderer Systemhandelsformen wollte man dem Facheinzelhandel die Möglichkeit geben, ähnlich zu disponieren wie die Großen: Eine saisongerechte Order sollte der permanenten Risikozunahme beim Disponieren des Fachhandels entgegenwirken. Die Termine der Messen im Four-Seasons-Rhythmus lagen neben Februar und August mit Ende April bzw. Ende November/Anfang Dezember theoretisch richtig und wurden von Einzelhandels- und Industrieverbänden befürwortet, aber von der breiten Masse des Fachhandels nicht angenommen. Man war (noch?) nicht bereit zur Umstellung der Saison- und Limitplanung. Zudem kostet jeder zusätzliche Messebesuch Geld, und die Angebote in den Modezentren wurden immer besser. So scheiterte diese Idee nicht zuletzt an kurzfristigen Kosten-/Nutzenüberlegungen, ohne die langfristigen Entwicklungen und Möglichkeiten zu beachten. Nichtsdestotrotz bleibt der Four-Seasons-Gedanke angesichts der zunehmenden Probleme im Outfitmarkt weiter interessant.

Koordination und Kooperation

In der Vielfalt der Messeveranstaltungen verstehen sich die internationalen Leitmessen als Zäsur- und Koordinationsstellen für die unterschiedlichen Interessen in einem sich verändernden Markt. In Verbindung mit den neuen Techniken und Medien haben sie wie nie zuvor die Chance, als Informationssender und -empfänger zur Verbesserung der Kommunikation beizutragen. Die anhaltende Zersplitterung der quantitativen und damit auch qualitativen Information bedarf mehr denn je der Koordination, um Fehlentscheidungen in der gesamten Branche zu vermeiden. Somit fungiert Modemessemarketing schon heute und zukünftig zunehmend als Kommunikationsschnittstelle zwischen den unterschiedlichen Entwicklungen.

Die rückläufigen Besucherzahlen und die Abwanderung wichtiger Aussteller zwingen die Messegesellschaften zum Umdenken. Im Modebusiness verstehen sie sich schon heute mehr als die Messen anderer Branchen als Partner und Koordinatoren und haben dadurch Autorität. Ihre Koordinationsfunktion dient der Branche in Form eines Leitstrahls, die Information, Order und damit Planung wieder in den Griff zu bekommen (Abbildung 8). Dass dies möglich ist, zeigt zum Beispiel die strategische Allianz der größten internationalen Schuhmesse, der GDS in Düsseldorf, mit der Expo Riva am Gardasee. Werden am Gardasee sehr früh relativ preiswerte Waren disponiert, die weltweit produziert werden und erste Trends für die nächste Saison gesetzt, Sofortangebote gezeigt sowie nicht zuletzt Objekt- und Projektgeschäfte zwischen Industrie und Handel abgeschlossen, kommt es in Düsseldorf zur ersten umfassenden Übersicht im Schuhmarkt schlechthin. Mit anderen Worten, beide Messeevents befinden sich zeit- und angebotsbezogen in einem Informations- und Meinungsbildungsprozess, so dass sie hinsichtlich des Besucher- und Angebotsnutzens aufeinander abgestimmt sind. Die Ziele heben sich weder gegenseitig auf noch treten sie miteinander in den Wettbewerb, sondern sie ergänzen sich.

Jede Leitmesse hat somit auch die Funktion eines Leitwolfes für die Branche und das heißt: Sie muss die divergierenden Interessen von Verbänden, Ausstellern und Besuchern unter einen Hut bringen. Diese Koordinationsfunktion der Messen für eine Branche und ihre Randbereiche wird seitens des Marktes als eine der wichtigsten Funktionen heute und zukünftig im Mode- und Outfitmarkt gesehen.

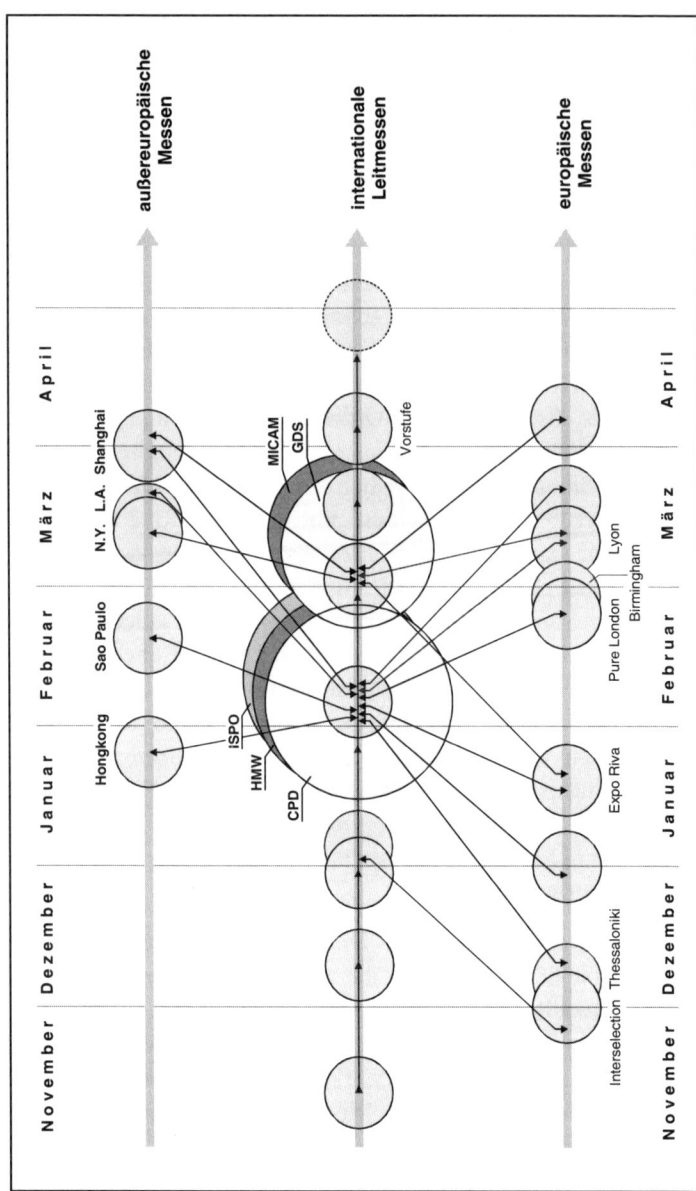

Abbildung 8: Kooperation und Koordination am Beispiel der Schuh- und Modemessen in Düsseldorf

Neben der Koordination muss die Kooperation als Erfolgsfaktor im Messemarketing gerade der Outfitbranche gesehen werden. Auch wenn Europa nach wie vor der Nabel des Modemessemarketings ist und weltweit die meisten Leitmessen hier stattfinden – und dabei in erster Linie in Deutschland –, gilt es, durch Kooperationen mit europäischen und außereuropäischen Messeplätzen den Kommunikations- und Informationsfluss und damit die Branchenkompetenz international zu erhöhen. Dabei ist sicherzustellen, dass weder durch Zeitpunkt noch durch Zielsetzung der Kooperationsveranstaltung Konkurrenz zum heimischen Messestandort entsteht. Es muss gewährleistet sein, dass die Kooperation die Zielsetzungen beider Messeplätze verstärkt und nicht zur Substitution führt. Das heißt konkret: Einerseits muss die verstärkte Marktbearbeitung im Ausland für die Teilnehmer und die Messe selbst gesehen werden, andererseits Interesse für die Teilnahme an der inländischen Leitmesse geweckt werden. Die Kooperation kann jedoch auch als Vor-, Spät- oder Spezialveranstaltung unter der Regie der Leitmesse in der Rolle des Globalplayer konzipiert werden. Leider findet aber momentan, vermutlich wegen fehlender Konzepte der Messegesellschaften, eher der Verkauf von Messe-Know-how statt – und die Frage: „Braucht man denn noch den heimischen Messeplatz angesichts eines zunehmenden internationalen Engagements der Aussteller?" ist nicht selten zu hören.

3. Messemarketing im Brennpunkt

Es gibt Worte, die sind in aller Munde. Zum Beispiel „Messemarketing". In den Umfragen der HFU Hermann Fuchslocher Unternehmensberatung auf über 50 Konsumgütermessen tauchte der Begriff in den vergangenen Jahren immer wieder als Problem auf – weil Definition und das Verständnis des Begriffs Messemarketing trotz sprachlicher Eindeutigkeit schwammig blieben. Hierbei sind nicht so sehr die äußerst sachlichen und klassischen Definitionen der Messemanager gemeint, als vielmehr das Begriffsverständnis der Messeteilnehmer. 90 % der Aussteller und Besucher von Messen denken bei dem Wort Messemarketing an das Marketing der Messegesellschaften und zeigen Mängel auf, die nach ihrer Meinung dazu führen, dass Aussteller und Besucher eben dieser Messe wegen fehlender Informationen über die Konzepte die Messe nicht optimal in ihr eigenes Marketingkonzept einbinden können.

Problemfelder des Messemarketings

Was stimmt da nicht am Messemarketing der Messegesellschaften, die doch von der nationalen und internationalen Aussteller- und Besucherschaft, wie zuvor erwähnt, uneingeschränkt als Messeweltmeister bezeichnet werden? Eine Bewertung des Marketinginstrumentariums der Messegesellschaften seitens der Aussteller und Besucher soll darüber Aufschluss geben. Hierzu wurden in den letzten fünf Jahren über 10 000 Messebesucher und Aussteller von der HFU befragt (siehe Abbildung 9).

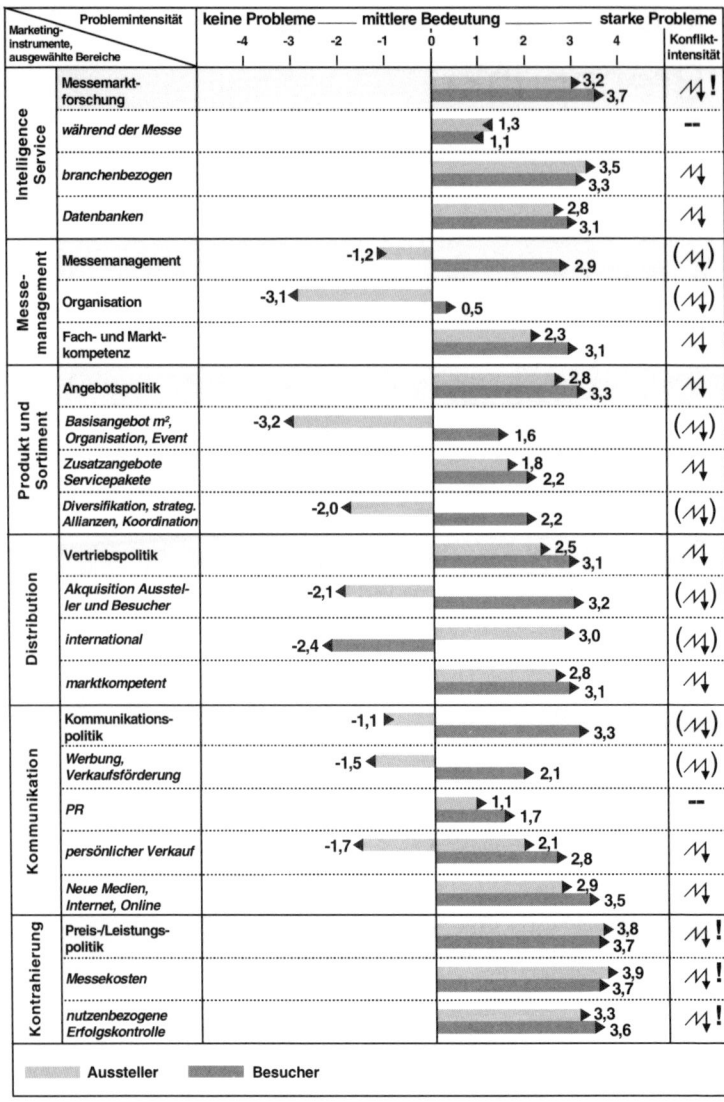

Abbildung 9: Problemfelder des Messemarketings
(am Beispiel der Konsumgüterfachmessen)

Ein Grund für das mangelnde Verständnis von Messemarketing bei Ausstellern und Besuchern muss sicherlich im *Intelligence Service* der Messen selbst gesucht werden. Hierbei ist nicht so sehr die Messemarktforschung mit Blick auf die Quantität gemeint, als vielmehr die qualitative Marktforschung außerhalb der Messen. Dazu zählen Konkurrenz- und Branchenanalysen, um aus makroökonomischer Sicht den Mikroorganismus Fachmesse und ihre Branche permanent zu analysieren, zu verstehen und Entwicklungen zu prognostizieren.

So ein Service wird vermisst. Besucher und Aussteller sind immer mehr der Ansicht, dass die Messen eine sogenannte Inhouse-Marktforschung unter dem Gesichtspunkt der Quantität fahren – auch wenn dies, angesichts der bestehenden FKM- und AUMA-Richtlinien nicht unbedingt die Schuld der Messegesellschaften selbst ist. Zu sehr verlässt man sich, nach Aussagen der Befragten, auf allgemeine Verbandsdaten, Statistiken etc., die im wahrsten Sinne des Wortes eine Messe „schönreden". Dabei trauen Messekunden dem Kommunikationsträger Messe gerade in diesem Marketinginstrument wesentlich mehr Kompetenz und Objektivität zu, weil sie sich in der Schnittstelle der dynamischen Marktbewegung, international und national, bewegt. Das Defizitempfinden der Messepartner nimmt hier eher zu als ab und zeigt: Trotz unterschiedlicher Interessen und anhaltender Zielkonflikte scheint das Problemfeld Messemarktforschung im Sinne von Intelligence Service für die Messeteilnehmer aus dem In- und Ausland immer wichtiger.

Auch bei der Bewertung des *Messemanagements* treten Diskrepanzen auf. Aussteller wissen offenbar sehr genau, welches Know-how das Management in Sachen Messemarketing verkörpert, Messebesucher bezweifeln die Kompetenz der Messen zunehmend. Vielmehr scheint für diese erkennbar, dass die durchweg exzellente Organisation mehr den Ausstellern und der Lösung ihrer Probleme zugute kommt als ihren eigenen Bedürfnissen. Bezüglich der Fach- und Marktkompetenz von Messemanagern sind sich beide Messeteilnehmer einig: Ein ausgezeichnetes Messemanagement steht nicht unbedingt für internationale Fach- und Marktkompetenz. Das Problembewusstsein der Messepartner nimmt zu: Messemanagement, Fach- und Marktkompetenz werden zunehmend zur Vermeidung von Problemfeldern eingefordert.

Im Rahmen der *Angebotspolitik*, dem Herzen des Marketings schlechthin, werden auch einige Problemfelder gesehen. Wenngleich das Basisangebot, Quadratmetervermietung, Organisation und Events insbesondere seitens der Aussteller kaum zu den Problemfeldern gezählt wird, fühlt sich ein Teil der Besucher nicht richtig in das Messeangebot integriert und es wird für sie angesichts der Fülle messepolitischer Innovationen unübersichtlich. Gleiches gilt für die Diversifikationsabsichten, strategischen Allianzen und Koordinationskonzepte der Messegesellschaften. Hier hingegen weist die Problemintensität der Aussteller zunehmend rückläufige Tendenz auf. Mit anderen Worten, diese Marketingleistung wird von ihnen im Sinne einer internationalen Serviceleistung verstanden.

Die Problemfelder in Bezug auf die *Vertriebspolitik* werden nach Ansicht der Aussteller und Besucher immer größer – nicht zuletzt aufgrund der dynamischen Veränderungen in der Angebots- und Nachfragestruktur, neuer Messeplätze, messeähnlicher Veranstaltungen und des Direktkontaktes. Die Akquisition der Aussteller wird durchweg positiv bewertet – mit anderen Worten: Das Messemanagement richtet sein Hauptaugenmerk aus der Sicht der Besucher, aber auch der Aussteller, auf diese wichtigen Quadratmeterzahler und weniger auf das Besucherpotential. Hinsichtlich der internationalen Vertriebspolitik und Akquisition fällt auf, dass die Aussteller dies zunehmend als Problemfeld einschätzen – unter Umständen wegen der zunehmenden Konkurrenz. Die Besucher hingegen vermuten hier weniger Problemintensität, zumal ihnen ein ständig neues internationales Angebot Wettbewerbsvorteile verschafft.

Der *Kommunikationspolitik* haftet nach Meinung der Aussteller weniger Problemintensität an, Besucher sehen dieses Feld stärker problembelastet. Sie sind (wieder einmal) eher der Ansicht, dass Werbung, Verkaufsförderung und persönlicher Verkauf mehr auf die wichtigen Aussteller ausgerichtet sind und sich weniger auf den eigentlichen Branchenmarkt beziehen. Teilweise wird hierbei die zu starke Selbstdarstellung der Messe ohne entsprechenden branchenbezogenen Inhalt kritisiert. Auch beim Thema neue Medien und Internet werden zwar der Wille und die Möglichkeiten seitens der Messeteilnehmer gewürdigt, bezüglich der integrierten Anwendung bei der Messeteilnahme selbst bestehen nach wie vor hohe Bedenken und eine hohe Problemintensität. Als „Knackpunkt" gilt die Erfolgskontrolle.

Als wichtigstes Problemfeld muss jedoch die *Kontrahierungspolitik* der Messegesellschaften und damit das Preis-/Leistungsverhältnis bei Messebeteiligungen gesehen werden. Die Messekosten und eine nutzenbezogene Erfolgskontrolle weisen die höchsten Konfliktintensitäten auf. Daher bleibt mehr Transparenz hinsichtlich der Messebeurteilung ein wesentlicher Wunsch aller Messepartner, also Aussteller und Besucher. Der Leistungsnachweis des Messemarketings muss transparenter werden und darf sich nicht nur auf Quadratmeter- und Eintrittspreis beziehen, sondern muss die gesamten Kosten des Messebesuchs erfassen.

Problemfelder der Angebotspolitik

Der Erfolg des Messemarketings der vergangenen Jahre war im Rahmen der Angebotspolitik primär vom Messestandort und dem Faktor Zeit geprägt. Messen waren an einen bestimmten Veranstaltungsort gebunden und jeder, der an der Messe teilnehmen wollte, hatte sich dorthin zu begeben. Der Faktor Zeit bestimmte dabei die Planung der Branche, den Innovations-, Informations- und Orderrhythmus. Doch das Messemarketing unterliegt mehr denn je einem verstärkten Druck nationaler und internationaler Wettbewerber.

Die Effizienzkriterien der Angebotspolitik bezüglich Zeit und Ort, Kosten und Nutzen sowie Informations- und Kommunikationswert werden immer schwieriger einzuschätzen und zu bewerten (Abb. 10). Die Kernkompetenz des Angebots, aber auch die Zusatzkompetenz,

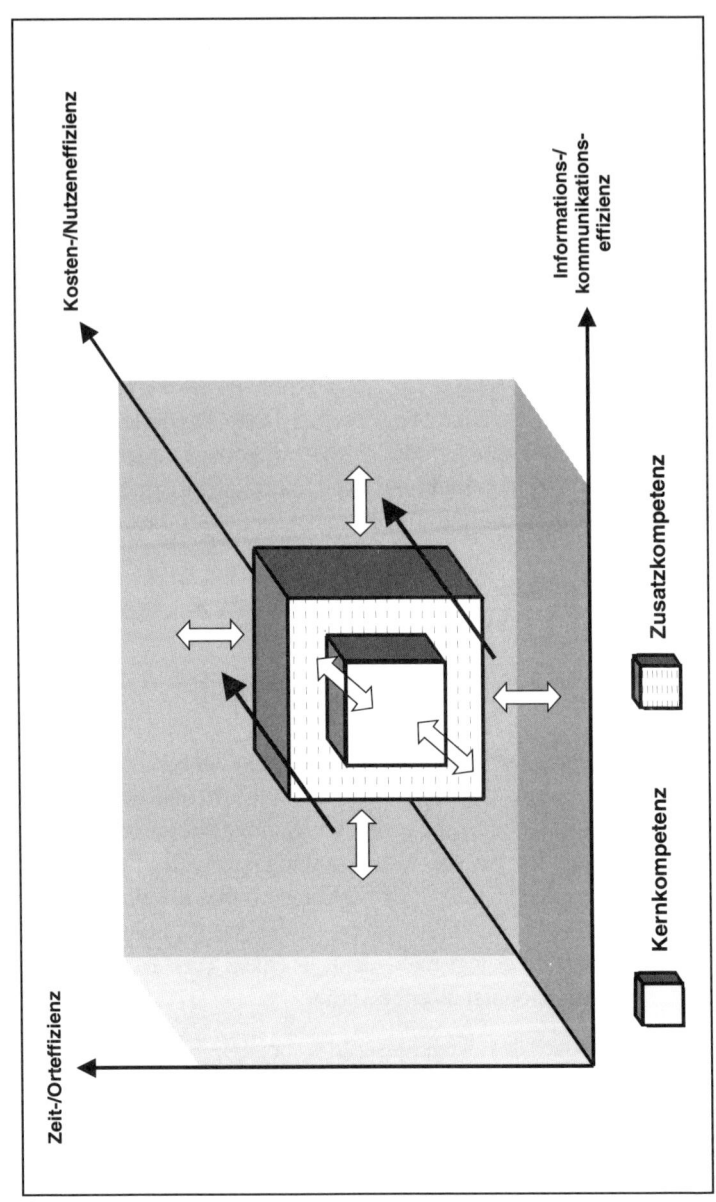

Abbildung 10: Angebotspolitik im permanenten Spannungsfeld des Wettbewerbs

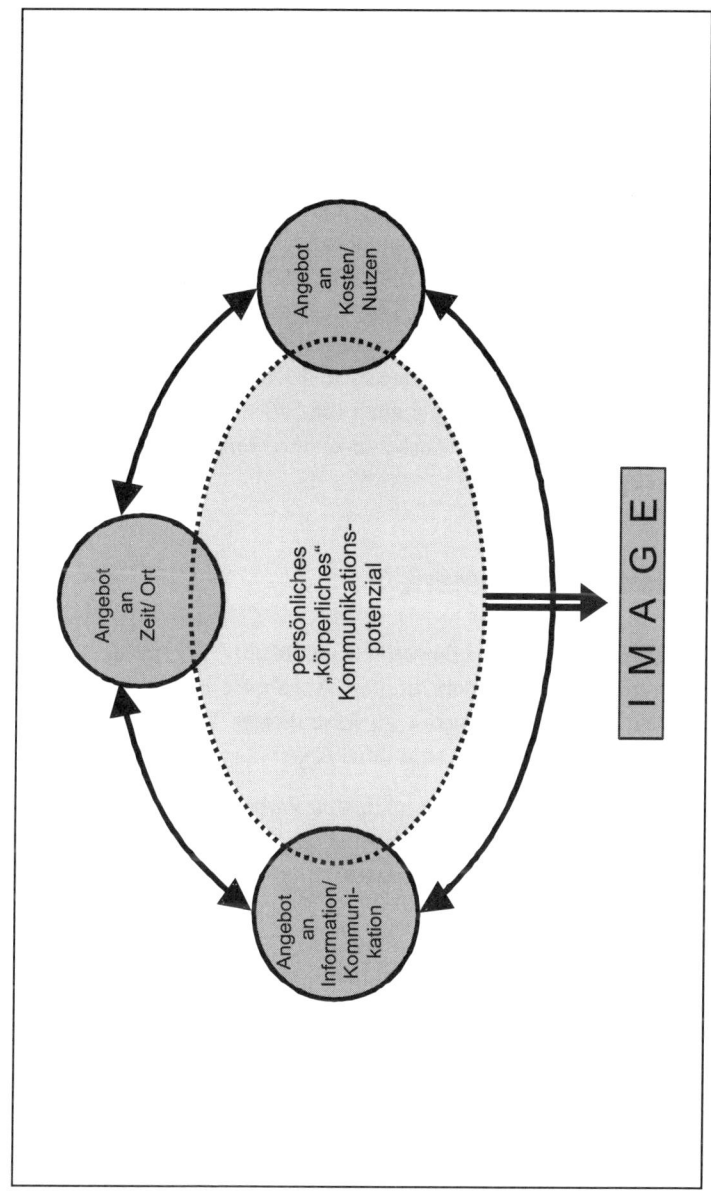

Abbildung 11: Problemfelder der Angebotspolitik

Angebot an Kosten/Nutzen

Angebot an Zeit/ Ort

persönliches „körperliches" Kommunikations- potenzial

Angebot an Information/ Kommuni- kation

I M A G E

wird immer schwieriger vermarktungsfähig. Die Angebotskompetenz unterliegt wie kein anderes Marketinginstrument der permanenten Infragestellung und Erneuerung.

Das persönliche, „körperliche" Kommunikationspotential der Angebotspolitik muss als eines der stärksten Problemfelder heute und zukünftig gewertet werden (Abbildung 11), das einem permanenten Wettbewerbsdruck und Veränderungen unterliegt – oder anders ausgedrückt: Das Managen und Kommunizieren des Kommunikators Messe wird deutlich schwieriger. Das liegt nicht zuletzt daran, dass Messen Ideen und Visionen anbieten, deren Realisierung ihnen nicht mehr selbst obliegt. Es sind ihre Partner und Kunden, die durch eigene Arbeit sowohl ihre Teilnahme als auch die Existenz der Messe rechtfertigen. Gleichzeitig legt die Messe durch ihr Marketing den Rahmen und die Spielräume fest.

Beirat und Management

Messen, selbst kleine Spezialmessen, sind Multi-Themen-Veranstaltungen, deren Input aus einem breiten Angebot entnommen werden muss, um ein adäquates Angebot zu formulieren. Deshalb spielt der *Beirat* eine immer größere Rolle in ihrer Angebotspolitik.

Es ist sicherlich vernünftig, die wichtigsten Partner aus den messerelevanten Gruppierungen Aussteller, Besucher, Verbände, Verbundgruppen in einem Messebeirat an die Messe zu binden. Aber es darf nicht übersehen werden, dass es sich bei diesen Personenkreisen um Interessenvertreter handelt, die nicht zwangsläufig zu konsensfähigen Entscheidungen finden. Problematisch ist darüber hinaus, dass der Beirat meistens mit den potentesten Vertretern der Aussteller- und Besucherschaft besetzt ist, die nicht immer den repräsentativen Querschnitt ihrer Gruppierung darstellen. Die Beratung kann in Machtanwendung und Informationsvorsprüngen bezüglich der späteren Platzierung oder etwaiger Dienstleistungen einmünden. Darüber hinaus treffen nationale auf internationale Interessen und es entstehen Konflikte. Protektionismus droht. Dennoch: Fachbeiräte machen Sinn. Weil es noch keine echte Alternative dazu gibt.

Problematischer als der projekt- und fachbezogene Beirat zeigt sich der übergeordnete – oftmals politische – Beirat von Messen. Er ist immer in der Gefahr, die politischen Konstellationen in Stadt oder Land nachzustellen und tut sich dann schwer, eine sachliche Wirkung zu entfalten. Sein Einfluss auf Struktur und Angebot von Messen ist schwer zu quantifizieren – zu leugnen ist er nicht.

Angesichts der sich verändernden Marktstrukturen muss jeder Messebeirat permanent erweitert, ausgetauscht und entsprechend der Marktveränderung zusammengesetzt werden. Gelingt dies nicht, dann wandelt er sich von einem Beratungsinstrument für das Messemanagement zu reinem Ballast.

Messemanagement ist im Idealfall die dynamische Betreuung und Fortentwicklung von Messeaktivitäten. Daraus ergibt sich das Anforderungsprofil für Messemanager: Kompetenz nach innen und außen gehört zu den Grundvoraussetzungen. Von der Einstellung und Einschätzung der Spitzenmanager hängt das Messeangebot ab. Denn sie interpretieren die Marktvorgaben.

Das Anforderungsprofil für die Messemanager wird zunehmend so multidimensional und multifunktional wie das Messemarketing selbst. Auch wenn so mancher neue Studiengang an Universitäten und Fachhochschulen sich mit dem Thema Messemarketing beschäftigt, gehört auch zukünftig neben der rein sachlichen Ausbildung das Talent dazu, einen Markt permanent zu erfühlen, zu betreuen, darin persönlich zu kommunizieren, zu analysieren und permanent den Dialog zwecks Integration und Autorität zu dokumentieren. Hierbei werden Menschen gefordert, denen es möglich ist, durch menschlichen Kontakt, persönliche Überzeugung und Kompetenz im Markt zielbezogen zu operieren und zu akquirieren. Die individuellen Zielsetzungen der Marktpartner gilt es auf ein Mindestmaß an Kooperation, oftmals nur für einen kurzen Zeitpunkt, zusammenzubringen und zu einem nutzenträchtigen Marktpotential zu entwickeln.

Der Messemanager ein Übermensch? – Mitnichten. Nur jemand, der mit beiden Beinen fest auf dem Boden steht und gewohnt ist, zu jonglieren, der Messen wie ein Intendant oder Regisseur plant, inszeniert, sie zur Premiere bringt, über längere Zeit auf dem Spielplan lässt und sie bei Spielplanwechsel wieder aus dem Angebot entfernt bzw. neu inszeniert. Dabei hat er streng darauf zu achten, dass er nicht selbst zum Schauspieler wird.

Beim internationalen Messevergleich werden Erfolg oder Misserfolg von Messen und Messeplätzen zu über 80 % mit der Qualität des Messemanagements gleichgesetzt. Das persönliche Wirken des Messemanagers nach außen und innen wird zunehmend als Angebotsproblematik gesehen. Zwischen dem neudeutschen geflügelten Wort: „versprochen – gehalten" klafft nicht nur in der Politik eine immer größere Lücke. Diese hängt immer mehr von der internen Organisation, der Information und der Kommunikation im Messemanagement von oben nach unten und von unten nach oben ab. Trotz (vielleicht auch wegen) zunehmender Sitzungsintensität innerhalb der Messegesellschaften leidet die Effizienz der Informationswege zunehmend. Das Verwalten, Outsourcen, Abteilungsdenken erzeugt oft Schwächen in der Informations- und Kommunikationseffizienz bei der Beantwortung von Fragen des Marktes. Als wichtigste Aufgabe wird vielfach der Erhalt einer Messe verstanden, statt die zielorientierte Veränderung bis hin zur gebotenen Auflösung und Neukonstruktion. Zuständigkeiten, Ober- und Unterverhältnisse haben teilweise einen Messeapparat entstehen lassen, der als eigenständiger Kommunikator oftmals nur noch schwer reagiert.

Messeprojektmanager sind Messemacher und Branchenkenner in einer Person. Jedenfalls müssten sie es sein. Die nach wie vor körperliche Präsentationsform auf Messen – Produkt plus Serviceleistung plus Person – findet zunehmend (wenngleich immer noch zu selten) im branchen- und fachbezogenen *Projektmanagement* ihren Niederschlag. Nicht zu unrecht heißt es, Messeprojekte kommen und gehen mit der Kompetenz des Projektleiters. Auch der Projektleiter hat im Sinne von Außen- und Marktwirkung einerseits und interner Umsetzung andererseits zu operieren, wobei dem Thema Branchenkompetenz eine erhöhte Bedeutung zukommt. Zu oft werden noch reine Operateure mit Aufstiegsambitionen zum Bereichs- oder Abteilungsleiter bis hin zum Messemanager eingesetzt, die nur wenig von der Branche „ihrer" Messe wissen. Das Leben mit der Branche wird jedoch national und international als lebensnotwendig eingestuft. Nicht selten brechen ganze Messeprojekte mit einem Wechsel in der Projektleitung zusammen, wenn diese die Branche erst noch kennenlernen muss. Die Erfahrung lehrt: Erst das Leben mit dem Produkt bzw. Projekt ermöglicht die so wichtige Zielintegration.

Das Projektleiterteam operiert im Sinne eines Produktmanagements bzw. Profitcenters. Selbstverständlich bedient es sich dabei der Infrastruktur der Messegesellschaft, angefangen bei der Werbung über Presse, Finanzen, Rechtsabteilung bis zur EDV etc., soweit diese innerhalb einer Matrixorganisation als horizontale Organisationsform innerhalb der Messegesellschaft selbst oder outgesourct vorhanden sind. Dabei sollten jedoch sämtliche Marktaktivitäten nach außen, national und international, eindeutig in den Verantwortungsbereich des Projektmanagers fallen. Gleiches gilt für die Budgetverantwortung im Sinne eines Profitcenters. Ähnlich einem modernen Verkaufsleiter oder Einkaufsleiter muss der Projektmanager mit seinem Team produkt- und ergebnisverantwortlich operieren können. Er braucht das Werkzeug, um die Veränderungen am Markt zeitig zu erkennen, um nicht nur zu reagieren, sondern auch zu agieren. Es werden hohe Anforderungen an die Person des Projektmanagers hinsichtlich seiner Integrations-, Informations-, Führungs- und Innovationsfähigkeit gestellt. Zu oft jedoch wird diese Position mit Branchenfremden, Repräsentanten und Quereinsteigern besetzt, die den Anforderungen eines modernen Messeprojektmanagements nicht gewachsen sein können. Darüber hinaus sind sie nicht selten gezwungen, sich aus dem Marketingangebot der eigenen Messegesellschaft zu bedienen und ihr Freiraum, das Angebot fach- und branchenspezifisch zu gestalten, ist beschränkt. Es ist deshalb nicht verwunderlich, wenn das Angebot mancher Messegesellschaften, angefangen bei der Standplatzierung bis hin zu den Serviceleistungen sowohl bei Investitionsgütermessen als auch bei Konsumgütermessen für Lebensmittel, Mode oder EDV ziemlich ähnlich aussieht. – Ein Lichtblick: Messemanager haben das Problem inzwischen zumindest erkannt.

Als ein weiteres Problemfeld muss der zukünftig immer wichtiger werdende Multimediaeinsatz in Organisation und Management der Messen gesehen werden. Dem Management von zukünftig wichtigen projektbezogenen Datenbanken wird noch zu wenig Aufmerksamkeit geschenkt. Dabei ist es für ein effizientes Projektmanagement unverzichtbar, die aktuellsten Daten nicht nur permanent zu erheben und zu verwalten, sondern sie marketingspezifisch anzubieten. Das gilt auch für die kommunikative Wirkung des Managements nach außen. Der Internet- und Intranetauftritt einer Maschinenbaumesse ist eben ein anderer als der einer Modemesse – gleiches gilt für die Werbung, Pressekonferenzen und das Merchandising. Somit muss interne und externe Kommunikation mehr denn je zum eigentlichen Bereich des Projektmanagements gezählt werden, wenn dieses Projektmanagement marktaktuell und kompetent auftreten soll.

Flächenmanagement hat sich zu einem schwierigen Thema entwickelt. Ein Quadratmeter ist zwar immer ein Quadratmeter, aber seine Wirkung hängt von vielen Faktoren ab, die der Aussteller nicht beeinflussen kann: Lage, Nachbarschaft, Klima, Nähe zu Restaurants, Toiletten, zum Ausgang, zu Modenschauen oder bei anderen Produkten die Nähe zu attraktiven, besucheranziehenden Veranstaltungen im Rahmen der Messe. – Es werden also nicht nur Quadratmeter verkauft, sondern abhängig von der Qualität der Quadratmeter auch Geschäftschancen.

Eine Variante des Flächenmanagementproblems ist die Umstrukturierung der Angebotsbereiche. Auch wenn Veränderungen hier wegen der sich laufend ändernden Marktstrukturen unabdingbar sind, wünschen sich die Besucher gerade bei jährlichen oder in noch kürzeren Abständen stattfindenden Messen (zum Beispiel Modemessen) eine Wiedererkennbarkeit und möchten nicht jeden Messebesuch wie eine Adventure-Reise bzw. Schatzsuche erleben müssen.

Besonders kritisch ist es, wenn die Messegesellschaften daran gehen, die Aussteller nach ihren Produkten zu klassifizieren. Soweit dies in sachlichen Kategorien möglich ist, zum Beispiel Damen-, Herren-, Kinderangebot – obwohl auch hier schon Probleme auftreten, wenn ein Aussteller alles anbietet –, halten sich die Konflikte in Grenzen. Eine Segmentierung zum Beispiel nach Genre oder Zielgruppe wird dagegen unter Umständen als Anmaßung verstanden, als Klassifizierung, die einer Messegesellschaft nicht zusteht. „Höhere Ziele" leuchten negativ betroffenen Ausstellern in aller Regel nur schwer ein. Auch wenn hierdurch dem Besucher zum Beispiel eine bessere Information und Angebotsübersicht gegeben werden soll, ist der Gewöhnungsprozess langwierig. Dies gilt auch für die Schaffung von Erlebnisfeldern bzw. Erlebnisthemen im Messeangebot, die angesichts neuer Angebotsphilosophien und Lifestylemarken eingerichtet, für die aber oft angestammte Plätze geräumt werden müssen. Es bleibt das alte Messegesetz: Man will immer in die Nähe seines größten Konkurrenten, egal ob der sich nun als Konfektionär oder als Repräsentant einer Philosophie versteht. Kein leichtes Unterfangen, und um so mehr sind branchenspezifische Kenntnisse des Projektmanagements notwendig, um eine sachliche Bewertung der Auswirkungen solcher Veränderungen bei Ausstellern und Besuchern vorzunehmen.

Diversifikation

Serviceleistungen werden von den Veranstaltern erbracht und nicht zusätzlich in Rechnung gestellt (zum Beispiel Bulletins über den Messeverlauf für die Presse); *Zusatzangebote* sind Leistungsangebote, für deren Erhalt der Aussteller bzw. Besucher auch zusätzlich bezahlt. Fast zwei Drittel der Messeaussteller und über 80 % der Besucher halten die von ihnen aufzubringenden Messekosten für zu hoch bzw. an der Grenze. Die Folge davon ist, dass sie zusätzliche Messeangebote zu fast 90 % als Serviceleistung betrachten, die weitgehend durch die – hohen – Messekosten abgedeckt sind. Aussteller und Besucher haben ihr Messebudget als Ganzes vor Augen. Dass sich der Anteil der außerhalb des Messegeländes entstehenden Kosten erhöht, wird von den wenigsten wahrgenommen. Für sie fällt alles, was mit dem Besuch einer Messe zu tun hat, unter Messekosten, und die sind höher denn je.

Gleichzeitig steigt jedoch das Anforderungsniveau an die Serviceleistungen der Messe. So möchten zum Beispiel gerade ausländische Aussteller neben der Präsentation ihrer Produkte und Konzeptionen gleichzeitig ihren Vertrieb mit entsprechenden Reisenden bzw. Agenturen aufbauen und Daten über die Handelsstruktur bis hin zu Potentialschätzungen für die kommenden Jahre geliefert bekommen. Seitens der Besucher hingegen wünscht man sich zunehmend Vorabinformationen, sei es in traditioneller Form oder über das Internet. Informationen über Neuigkeiten, Entwicklungen, Konkurrenzanalysen, Perspektiven etc.

Diese Dienstleistungen, von denen es noch eine Fülle ganz unterschiedlicher Art gibt, von der Abendunterhaltung über das Catering bis zu Transport- und Finanzierungfragen, spielen im Angebot der Messegesellschaften eine immer größere Rolle. Die Grenzen zwischen Messeangebot und Messezusatzangebot werden in Zukunft immer fließender, zumal erst der Zusatznutzen für Aussteller und Besucher angesichts des härter werdenden Wettbewerbs den Messevorteil ausmacht. Hier eine generelle Lösung zu finden, die sich nicht sofort auf den Quadratmeterpreis bzw. den Eintrittspreis auswirkt, wird schwierig werden.

Wenn ein Angebot als nicht mehr ausreichend angesehen wird, muss es erweitert werden. Die Frage aber lautet: Wie darf es erweitert werden, um die angestrebten Folgen zu erhalten und die unerwünschten zu vermeiden? Zweischneidig ist zum Beispiel die Einrichtung von *Publikumstagen* auf Fachmessen, die offenbar immer beliebter wird. Die Information über Neuheiten der Branche nicht nur für die Fachleute, sondern gleichzeitig für die Endverbraucher, beinhaltet positive und negative Aspekte. Der Fachbesucher fühlt sich überwiegend von solchen Publikumstagen düpiert. Seine Informations- und Orderkompetenz wird nach eigenen Aussagen an solchen Tagen nicht mehr gewürdigt. Sein Vorsprung dem späteren Kunden gegenüber schrumpft. Andererseits kann der Verbraucher möglicherweise unmittelbar mit neuen Angeboten vertraut gemacht werden, die er dann später im Einzelhandel erwerben möchte. Die Messe wird damit zum Testmarkt.

Publikumstage hin oder her, Fachmessen werden auch in Zukunft Fachcharakter in ihrer Angebots- und Nachfragepolitik aufweisen müssen. Durch die neuen Medien werden die Informations- und Kommunikationsströme noch intensiver und der Verbraucher noch besser informiert. Das bedeutet: Das Messeangebot der Zukunft kann im Konsumgütersektor nicht am Verbraucher, in welcher Form auch immer, vorbeigehen. Eine geeignete Form der Integration ist zu finden.

Als weitere Merkmale der Angebotsveränderungen müssen die Abstimmungen mit messeähnlichen Veranstaltungen sowie *strategische Allianzen*, national und international, gewertet werden. Bei der *Kooperation* mit anderen Messeplätzen spielt die zeitliche und sachliche Abgrenzung eine zentrale Rolle. Anhand des nationalen und internationalen Informations- und Orderprozesses gilt es, die Ziele der einzelnen Messeplätze abzustimmen, um Überschneidungen zu vermeiden. Die Überschneidung von Messeangeboten – aktuell zum Beispiel im Bekleidungsbereich zwischen den Herrenbekleidungs- und Jeansanbietern in Köln, der Damenoberbekleidung in Düsseldorf und parallel hierzu dem Sportangebot in München wird seitens der Nachfrager, aber auch zunehmend seitens der Anbieter nicht mehr verstanden. Obwohl jede dieser Messen ihre Kernbesuchergruppe hat und keiner zeitlich hintenan stehen möchte, ist kaum zu verstehen, dass sich zwei Messegesellschaften auf den jahrelangen Termin einer anderen Messegesellschaft setzen. Wobei im Falle von Düsseldorf (Collections Premieren) und Köln (Herren-Mode-Woche/Interjeans) noch Synergieeffekte wegen der räumlichen Nähe anzunehmen sind. Die Überschneidungen zwischen Modemessen in Deutschland und dem übrigen Europa macht deutlich, was passiert: Die international vorgesehene Angebotskompetenz einer Messe wird reduziert, der nationale Aspekt nimmt zu, die Bedeutung der betroffenen Messen sinkt. Das Image der

Angebotsdeterminanten Zeit, Ort, Kosten, Nutzen sowie Kommunikations- und Informationswert wird zunehmend verletzt.

Anders sieht die Angebotserweiterung von Messegesellschaften neue Objekte, wie zum Beispiel *permanente Ausstellungsflächen*, national und international, aus. Den Messen wird hierbei der Premierencharakter zuteil – also die erste Präsentation der neuen Produkte – und den ständig geöffneten Zentren fällt die Aufgabe der permanenten Betreuung zu. Hier addieren sich internationale und nationale bzw. regionale Aspekte. Regionale Bedeutung in der intensiven Marktbearbeitung haben auch die Messen, die den Leitmessen im zeitlichen Verlauf folgen.

Durch den *Aufbau nationaler und internationaler Datenbanken* zum Informationsaustausch und der Information durch neue Medien während der Leitmesse können neue Angebotsfelder zur Verbesserung des Kosten-/Nutzenverhältnisses geschaffen werden und zur Verbesserung der Informations- und Kommunikationseffizienz beitragen.

Noch ist das allerdings Wunschdenken: Die Normalität: Bislang denkt jeder Messeplatz zu sehr an sich und sein Image und schädigt im Endeffekt gegebenenfalls sogar das Gesamtimage der Leitmesse. Hierbei werden die Problemfelder in der Zukunft als noch intensiver eingeschätzt, so dass die *Koordinationsfunktion* der Leitmesse mehr denn je gefordert ist. Dass dies möglich ist, zeigt das bereits erwähnte Beispiel der strategischen Allianz der GDS in Düsseldorf mit der Expo Riva am Gardasee.

Ähnliches gilt für *internationale Aktivitäten* von Messegesellschaften mit Leitmessen, um die Verbindungen über große Entfernungen hinweg nach Fernost oder Amerika international abzustimmen. Auch hierbei geht es zum einen darum, die regionalen/nationalen Gegebenheiten direkt vor Ort zielbezogen besser zu bearbeiten, zum anderen eine Abstimmung zwischen dem Messeplatz der Leitmesse mit dem internationalen Geschehen auch im Sinne von Datenaustausch zu erzielen. Damit können neue Marktpotentiale für den inländischen Markt eröffnet und ausländische Anbieter für den eigenen Markt ge-

wonnen werden. Problematisch wird es allerdings, wenn Diversifizie-
rung dazu beiträgt, dass internationale Aussteller und Besucher die
Leitmesse nicht mehr besuchen, sondern sich auf die Veranstaltungen
der Messegesellschaft an anderen Messeplätzen beschränken. Daher
gilt auch hier, unbedingt das Zeit-/Ortangebot, die Kosten-/Nutzen-
kompetenz sowie die Abfolge im Informations- und Orderprozess zu
beachten. Die Organisation von Messen durch europäische Messegesellschaften wird gerade in sich entwickelnden Märkte in Osteuropa,
Asien und Südamerika durchweg positiv verstanden – setzt jedoch
erhöhte Leistungen in Marktvorbereitung, Marktbearbeitung und Service der Messeveranstalter voraus. Weniger verstanden wird es, wenn
nur als Abschottung gegenüber unerwünschter Konkurrenz aus dem
Ausland in diese Messeplätze investiert wird.

Problemfelder der Kontrahierungspolitik

Business – das ist Kaufen und Verkaufen. Auch 1999 werden die
Messekosten von den Ausstellern noch zu über 70 % an den geschrie-
benen Aufträgen gemessen. Faktoren wie Neukundenkontakte, Kundenbindung, Verbesserung der Produktbekanntheit, allgemeiner Bekanntheitsgrad oder sich im Wettbewerb der Konkurrenz personifiziert
zu stellen, werden meistens als sekundär bewertet. Für die Besucher
hat sich eine Messe nur gelohnt, wenn sie wirklich eine Marktübersicht bekommen, neue Ideen gesehen haben und sich in ihrer Einkaufspolitik bestätigt fühlen. Ja, es soll Besucher geben, die ihren
Messebesuch und die damit verbundenen Kosten zum ausgegebenen
Ordervolumen in Relation setzen.

Die Intensität der Problemfelder im Rahmen der Kontrahierungspolitik
ist extrem hoch und ihr Konfliktpotential wird noch weiter steigen
(Abbildung 12). Man könnte schnell annehmen, dass es an dieser
Stelle zu einer klaren Verneinung der Frage: „Lohnen sich Messen
noch?" kommt.

Messekosten

In schwierigen Zeiten sind alle Kosten zu hoch und die Erlöse zu gering. Kosten, die akzeptiert werden sollen, müssen verstanden werden. Das gilt auch und zunehmend für Messekosten. Kosten müssen an einem Ziel gemessen werden. Die teure Eintrittskarte zur Fußballweltmeisterschaft oder zur wöchentlichen Bundesliga rechnet sich nur nach einem Sieg, und bei einer Niederlage fängt das Rechnen an. Bei permanentem Misserfolg des heimischen Vereins spürt man das direkt am Zuschauerschwund und über kurz oder lang stehen die teuren Spieler und Manager zur Disposition.

Und bei Messen? – Der zunehmende Wettbewerb im Messemarkt durch neue Messen, messeähnliche Veranstaltungen und alternative Kommunikations- und Vertriebswege hat die Messekosten wie nie zuvor zum Problemfeld Nummer eins im Messemarketing gemacht. Will heißen: Messen stehen unter Erklärungsdruck. Messepreise sind national und international zwar einerseits transparenter, andererseits aber hinsichtlich ihres tatsächlichen Preis-/Leistungsverhältnisses diffuser geworden. Klar sind die Grundkosten, wie der Quadratmeterpreis, und klar sind auch Zusatzkosten, wie Standbau, An- und Abtransport, Auf- und Abbau, Einlagerung, Personalkosten, Übernachtung, Spesen, Bewirtung. Beide zusammen ergeben erst den Messepreis, und der wiederum muss sich an der Leistung, besser gesagt: an der Zielsetzung der Messeteilnahme, messen lassen.

Die Messegrundpreise sowie die Eintrittspreise bei den internationalen Leitmessen sind in den letzten Jahren ziemlich stabil geblieben. Hingegen haben die Messezusatzkosten im Verhältnis zu diesen Grundpreisen teilweise explosionsartig zugenommen. Noch etwas hat zugenommen: Dienste, die von Messen oder aus Anlass von Messen angeboten werden. Sie gehören aber nicht zu den Messekosten.

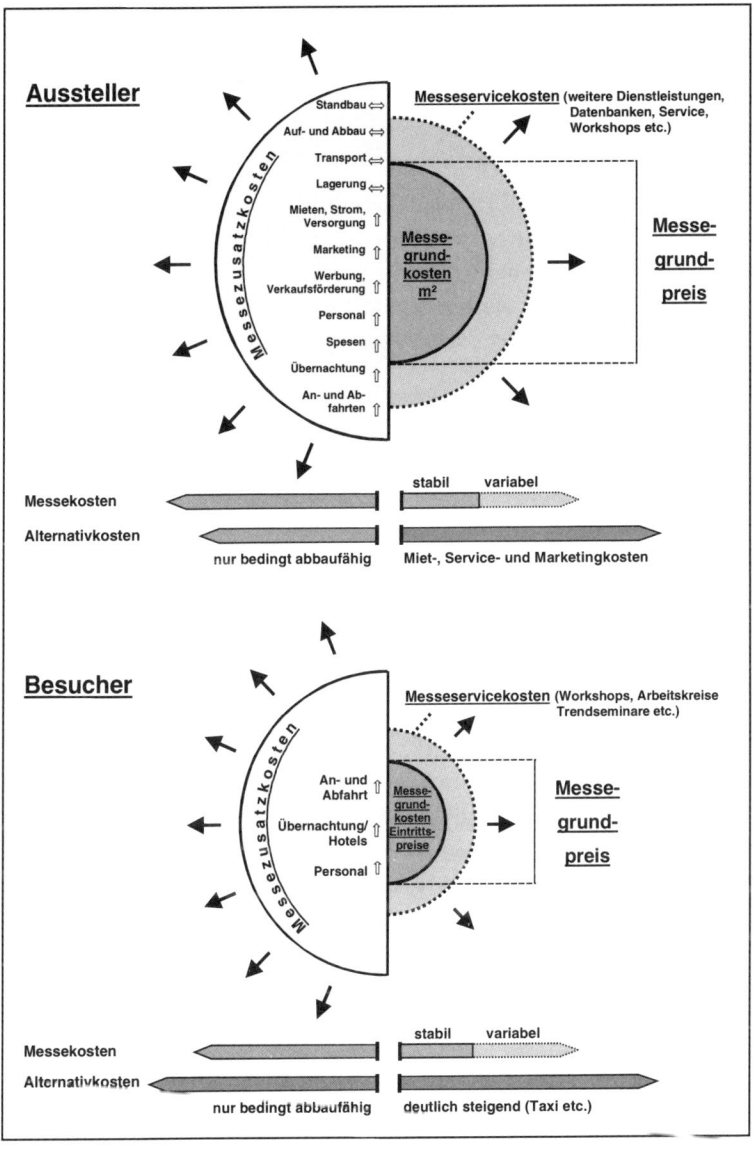

Abbildung 12: Problemfelder der Kontrahierungspolitik

Messeservicekosten, Dienstleistungskosten wie Datenbanken, Internet, Workshops, Kommunikations- und Informationskosten zur Absicherung und unter Berücksichtigung der Synergieeffekte aus Messen werden von Ausstellern und Besuchern oft unerlaubt den Messezusatzkosten hinzu geschlagen.

Bezüglich der Kosten für Messealternativen ist festzustellen, dass nur die Hälfte dieser Zusatzkosten für die Aussteller abbaufähig ist – die alternativen Messekosten, permanente Miete, Bewirtschaftung, Personal und zusätzliche Marketinganstengungen bleiben bestehen und können die einmaligen Messekosten deutlich übersteigen.

Die Messegrundkosten der Besucher sind ebenfalls stabil – nur die Messezusatzkosten, Reisekosten, Hotel und Spesen wachsen ständig. Auch hier gilt, dass die Messeserviceleistung wie Workshops, Seminare und Trendinformationen durchweg leistungsbezogen angerechnet werden – vorausgesetzt, sie werden als solche anerkannt. Die Kosten für die Messealternativen – anstelle von Messebesuchskosten – sind nur bedingt abbaufähig, bezüglich der Serviceleistung hingegen wesentlich höher als auf Messen.

Doch die wichtigere Frage lautet: „Was wäre gewonnen, wenn die Kosten eingespart würden? Gäbe es Folgen auf der Erlösseite – gegebenenfalls zeitversetzte Folgen?" Die Antworten bleiben hypothetisch, aber sicher ist: Es bedarf schon einer immensen Marktmacht, sich branchenbezogenen Messen zu entziehen. Für mehr als zwei Drittel der Aussteller und Besucher bedeutet das Fernbleiben von Messen einen deutlichen Informationsverlust und fehlende Marktübersicht. An die Stelle der eingesparten Messekosten treten nun häufig – geschätzt – zwei- bis dreifache Kosten für Kommunikation und Akquisition. Aber auch dies kann von der Zielsetzung gerechtfertigt sein – wird sie als konsequente Selektionsstrategie gefahren. Eine kurzfristige Einsparung von Messekosten jedoch hat so manchem „Branchenfürsten" mittelfristig weh getan.

Messen haben ihren Preis, aber auch ihren Wert als Kommunikatoren einer Branche, als Top-Events im Informations- und Orderprozess, als

Innovations- oder Kommunikationsinstrument oder auch als Fixpunkt für die Produktentwicklungs- und Meinungsbildungsprozesse der Branche. Allerdings muss deutlich gemacht werden, dass auch jene Kosten nicht ins Unermessliche wachsen dürfen, die Messegesellschaften zwar nicht direkt zu verantworten haben, auf die sie aber aufgrund ihrer Bedeutung für Stadt und Land Einfluss nehmen müssten.

Die meisten Messen wissen, was zu tun ist. Sie wissen nur oft nicht, wie sie es tun sollen. Ohne Zweifel, Messegesellschaften versuchen immer stärker, nicht nur die Quadratmeter, sondern die zusätzliche Dienstleistung – kurzum die Leistung insgesamt – zu präsentieren und im persönlichen Dialog zu kommunizieren. Dies ist auch dringend notwendig, weil das Preis-/Leistungsverhältnis, national und international, immer stärker teilnahmerelevant geworden ist.

Messeerfolgskontrolle

Die einfachste Messeerfolgskontrolle findet bei Ausstellern von Konsumgütermessen statt, bei denen sofort geordert wird. Anhand der Auftragszahlen kann jeder Teilnehmer schnell feststellen, ob sich die Messe gelohnt hat. Wesentlich schwieriger wird dies auf Messen, die primär der Kommunikation, Information und Orientierung dienen. Vor der Order steht die orderentscheidende Information. Der Erfolg dieser orderentscheidenden Information hat – wie immer – viele Väter, so dass das Problem der Erfolgszurechnung entsteht. Auch der Vergleich von Messebeteiligungen früherer Jahre – selbst der Order- und Einkaufsvolumina – ist angesichts der permanenten Veränderung der Anbieter und Besucher nur bedingt möglich. Es führen viele Wege zum Ziel, angefangen bei der Messevorbereitung über die Messearbeit selbst, die Messenachbereitung, die permanente Kommunikations- und Verkaufsarbeit, bis zur Produktausstrahlung und der Marke. Eine Messeerfolgskontrolle kann eigentlich nur, ähnlich wie in der Werbung, anhand von vorgegebenen eindeutigen Zielen erfolgen.

Dabei spielen Kundenfrequenz und Kundenstruktur eine besondere Rolle. Hat man als Aussteller von vornherein Zielkunden festgelegt, lässt sich deren Erscheinen auf dem Messestand kontrollieren. Es zählt jedoch nicht allein die Präsenz, sondern die Qualität des Kontaktes – und zwar vom Kennenlernen bis zur Order. Auch die Neukundengewinnung kann ein Kriterium des Messeerfolges sein. Dies umso mehr, als man mit den Stammkunden im Rahmen der regionalen Verkaufsveranstaltungen und des direkten Kontaktes ohnehin zusammentrifft. Deshalb zeugt deren Fernbleiben vom Messestand ihres Stammlieferanten auch nicht sofort von sinkender Messebedeutung.

Auch seitens der Besucher sollte der Messeerfolg nicht allein von der Quantität der absolvierten Termine abhängig gemacht werden, sondern entsprechend der vorher individuell gesetzten Messeziele beurteilt werden. Sie müssen wissen, was ihnen die Messe bringen soll. Sie müssen die Voraussetzungen dafür schaffen, dass dies möglich wird, indem sie ihren Besuch gewissenhaft vorplanen. Gleichzeitig dürfen sie ihn nicht komplett verplanen, weil ihnen sonst keine Zeit bleibt, das zu sehen und zu finden, womit sie trotz guter Vorinformation nicht rechnen konnten.

Große Diskrepanzen bestehen in der Beurteilung des Messeerfolges zwischen nationalen und internationalen Austellern und Besuchern. Immer wieder stellen inländische Aussteller einer Messe fest, dass immer weniger inländische Besucher bei ihnen schreiben. Ein Wunder? – Nein! Inländische Besucher nutzen zum Beispiel Modemessen mehr zur Sichtung des internationalen Angebots, das sie nicht noch morgen oder übermorgen im Modezentrum sehen können. Gleichzeitig sind internationale Besucher nicht selten die Orderkunden bei den inländischen Ausstellern, die über keine weiteren Exportaktivitäten oder keine Infrastruktur im Ausland verfügen.

Messeerfolgskontrolle hat viel mit der eigenen Ziel- und Leistungsdarstellung zu tun. Das beginnt mit der Leistungsdarstellung der Messegesellschaften selbst und ihrem direkten Kontakt mit ihren Kunden, Ausstellern und Besuchern. Information für die Presse ersetzt nicht den direkten Draht zu vorhandenen und potentiellen Geschäftspartnern. Das müssen sich auch die Aussteller sagen lassen, die oft glauben, mit der Messebeteiligung schon den Markt gekauft zu haben und sich mehr mit dem Standbau, der Bewirtung und Ausgestaltung der Messepräsenz beschäftigen als mit den dort zu treffenden Kunden. Diese Punkte sind allesamt wichtig. Aber Wirkung entfalten sie nur, wenn der potentielle Kunde den Stand betreten hat. Dies zu erreichen, ist das dringlichste Ziel.

Problemfelder der Kommunikationspolitik

Kommunikation heißt Senden und Empfangen. Wenn daraus ein Geschäft werden soll, muss der Sender wissen (oder erfahren), was dem Empfänger wichtig ist. Trotz ihrer Funktion als Kommunikationsinstrument leiden die Messen bzw. die Messegesellschaften selbst unter Kommunikationsdefiziten, wie aktuelle Messemarktanalysen aufzeigen. Die Messegesellschaften sind das Kommunikationsinstrument par excellence in einer zunehmend multimedialen Welt, können sich aber ihren Kunden, den Marketingentscheidern von Industrie und Handel, kaum noch mitteilen. Noch immer wird neben der übertriebenen Selbstdarstellung in den meisten Fällen primär mit der Präsenz der Marktführer geworben und der Zwang des Konkurrenzdrucks als Argument für die Teilnahme an Messeveranstaltungen gesehen. In Zeiten aber, in denen verstärkt die nachprüfbare Kontakteffizienz gefragt ist, jede Fernsehsendung nach Quoten beurteilt wird, gilt es für die Messegesellschaften, ihre Kommunikationsleistung transparenter zu machen und somit für die Kunden kalkulierbarer.

Messen müssen sich als echte Medien zwischen Angebot und Nachfrage verstehen – weniger als Selbstdarsteller. Sie funktionieren nur, wenn sie Kommunikation und Kontakt ermöglichen. Neu daran ist, dass dies nicht nur für den Messeplatz selbst und das Messeangebot gilt, sondern die Leistungen von Fachmessen als permanente Koordinatoren und Kommunikationsforen der Branchen auch außerhalb der Messetermine gebraucht werden. Erschwert wird den Messen die Auf-

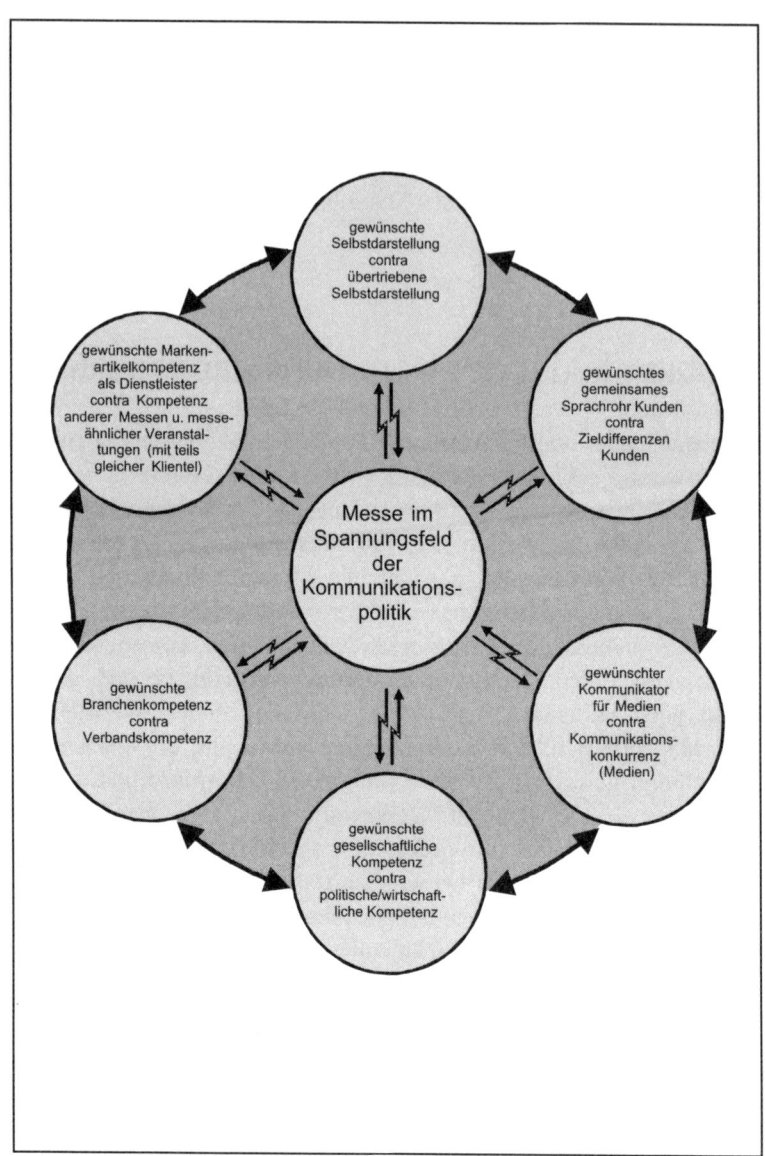

Abbildung 13: Problemfelder der Kommunikationsspolitik

78 Messemarketing im Brennpunkt

gabe dadurch, dass viele Aussteller und Besucher sich zwischen den Messen wenig dafür interessieren und sie ein zusätzliches Angebot kaum wahrnehmen. Deshalb müssen die Messen Branchenkompetenz erwerben und diese kommunizieren. Sie müssen sie im Kontakt anwenden und sie anbieten, indem sie die Branche über die Branche informieren.

Werbung und neue Medien

Messegesellschaften gehen immer mehr dazu über, sich als Markenartikler zu präsentieren. Werbeinhalt und Werbebotschaft bedienen sich dabei der klassischen Werbeinstrumente, angefangen beim Markenzeichen bis zu den Markennamen der Gesellschaft und ihrer Veranstaltungen. Von einer zielgruppengerechten *Werbung* kann dabei jedoch kaum die Rede sein, denn die Logos, Werbebotschaften und -inhalte werden von kaum einem Fünftel der Zielgruppen verstanden. Dies ist um so erstaunlicher, da die Messegesellschaften und ihre Messeveranstaltungen in Deutschland über einen Bekanntheitsgrad von über 90 % bei Ausstellern und Besuchern verfügen. Der Grund: Es fehlt am Inhalt in der Werbebotschaft.

Ein Problem stellt sicher auch die Besonderheit des Messegeschäfts dar. Ist es der Marketingplaner heute gewohnt, seine Kommunikationsdaten mit höchstmöglicher Prognosesicherheit bezüglich Bekanntheitsgrad, Anzeigenstrecke, Mitteleinsatz etc. festzulegen, so fehlen diese Daten im Bereich des Messewesens. Selbstverständlich gibt es hier Aufstellungen nach Quadratmetern, Länderbeteiligungen und Besuchergruppen. Das alles sagt jedoch nichts über die Qualität der Messen im Vergleich zu anderen Medien aus. Messen stehen nun mal in Konkurrenz zu den klassischen Medien wie Zeitungen, Zeitschriften, Rundfunk, Fernsehen und auch den neuen Medien. Durch qualitative Strukturierung der Besucher und Aussteller im Inhalt der Werbebotschaften ließe sich eine weitaus höhere Kommunikationseffizienz erzielen – und damit höhere Akzeptanz und Planungssicherheit bei den Werbe- und Marketingentscheidern auf Aussteller- und Besucherseite. Es geht einfach darum mitzuteilen, warum es für Aussteller und Besucher richtig und wichtig ist, auf die Messe zu kommen. Alles, was sich hier an Information, Order, Produktentscheidung – kurzum Kommunikationshilfe – tatsächlich abspielt, müsste Inhalt der Fachwerbung ihrer Messen sein. Statt dessen aber vermeiden es allgewaltige Messechefs, selbst wissenschaftlich nachgewiesene Eckdaten bezüglich des Budgets, was auf Messen geordert bzw. zur Orderentscheidung kommt, mitzuteilen, um nicht anzuecken. Bei einer solchen Politik werden wir vergeblich nach echten Werbebotschaften im Sinne von Entscheidungshilfe suchen. Die zielbezogene Selbstdarstellung gehört eben zu den schwierigsten Aufgaben eines Unternehmens.

Das Engagement in bzw. mit den neuen Medien wird von den Messegesellschaften in erster Linie als Imagefaktor eingesetzt. Sie beschäftigen sich in ihren Selbstdarstellungen im Internet zur Zeit noch größtenteils mehr mit sich selbst und damit, wie sie ihre Veranstaltungen sehen. Sie sagen zu wenig darüber aus, wie sich der Markt der jeweiligen Branche entwickelt oder wie man diese Entwicklung interaktiv mit den Teilnehmern vorantreiben könnte. Internetpräsentationen von Messegesellschaften sind oftmals gestaltet wie klassische Werbung; es wird mehr allgemein geworben, als dass ein Marketingentscheider mit den dort präsentierten Daten konstruktiv und problemorientiert arbeiten könnte. Hinzu kommt, dass die Arbeit im interaktiven Feld von Internet und Intranet oftmals als Konkurrenz zum eigentlichen Messebesuch interpretiert wird. Erst langsam haben die Messegesellschaften verstanden, dass durch gezielte Vorabinformationen nicht nur neue Einnahmequellen erschlossen werden können, sondern Entscheidungshilfen entstehen, die den Messebesuch für ihre Kunden effizienter machen. Dies gilt im gleichen Maße für die Online-Verbindung bzw. Vernetzung während und insbesondere nach der Messe. Zu lange war man der Ansicht, die eigentliche Informationsverarbeitung sei Aufgabe der Kunden bzw. der Verbände und eine Einmischung der Messen könnte als Konkurrenz verstanden werden.

Ihre Funktion als Gesprächspartner in Marketingfragen haben die Messen überwiegend noch nicht übernommen. Denn gerade durch die

Integration der neuen Techniken und Medien haben die Messegesellschaften die Möglichkeit, in die Unternehmen einzudringen. Dabei geht es nicht nur um marketingspezifische Informationen zur Messebeteiligung, sondern auch zur Überprüfung des Teilnahmeerfolgs. Bei entsprechend selbstkritischer Darstellung könnte es gelingen, die Erfolgskontrolle nicht nur für die Unternehmensleitung transparent zu machen, sondern sie auch denen zugänglich zu machen, die sie sonst nicht erhalten und angesichts dieser Desinformation bezüglich des Stellenwerts der Messen Zweifel anmelden.

Somit sollten die neuen Techniken und Medien mehr pragmatisch und nicht so sehr imagebezogen genutzt werden. Vielleicht könnte dieser Datentransfer auch dafür sorgen, dass die Zielgruppenfokussierung der Messebeteiligten stärker konkretisiert wird, Zielsetzungen kontrolliert werden und last, not least verstanden wird, dass das Messemarketing nicht durch die Messen allein, sondern mit Ausstellern und Besuchern im Dialog erfolgen muss.

Pressearbeit

Messe und Presse – wo soll das Problem liegen? Kommunikatoren unter sich! Aber der Markenartikel Messe macht auch hier Fehler. Er legt die Erfolgszahlen – bildlich gesprochen – in ein Kästchen, verpackt es wunderschön und übergibt dieses als Geschenk mit Schleifchen der Presse. Die Arbeit krankt in den meisten Fällen am eigentlichen Inhalt der Pressebotschaft: „Es gibt nur Erfolge." Kein Wunder also, dass Messen, ausgenommen die Messeausgaben der Zeitschriften und Fachblätter mit entsprechendem Anzeigenvolumen, von Journalisten immer kritischer bewertet werden. Und das, obwohl Journalisten auf Messen „durch die Gänge getragen werden", von Event zu Event, von Gala-Dinner zu Gala-Dinner, so dass mancher dieser Journalisten nach großen Messen erst zum Abspecken fahren muss. Trotzdem: Mangels echter Inhalte bleibt das Presseecho oft hinter den Erwartungen zurück.

Wie sieht die Pressearbeit der Messegesellschaften im Detail aus? – Zum Beispiel die Pressekonferenzen: Hier geben Messerepräsentanten und Spitzenvertreter beteiligter Verbände einmütig sterile Statements ab und verbreiten Optimismus. Oberste Maxime: Keine Konflikte. Statt dessen Zahlenkolonnen über zurückliegende Branchen- und Messeerfolge. Man hört natürlich viel über die anstehende oder abgelaufene Messe – nur zu viel, was man eigentlich schon weiß. Am Ende der Pressekonferenz kommt die obligatorische Frage nach den Preiserhöhungen, alle Beteiligten schauen sich tief in die Augen und wissen, dass die Bejahung dieser Frage erheblichen Einfluss auf die Berichterstattung hat. Ebenfalls typisch für Messepressekonferenzen: Man vermeidet jegliche Negativaussage: Statt von „weniger Ausstellern und Besuchern" spricht man dann zum Beispiel von „höherer Qualität der Aussteller und Besucher im Vergleich zum Vorjahr".

Ob im In- oder Ausland, Pressearbeit im Sinne eines Kommunikationsangebots der Messen muss mehr denn je als interaktive Pressearbeit verstanden werden. Dabei müssen mehr die Branche und ihre Produkte im Mittelpunkt stehen als die Messe selbst. Denn sie wirkt als Träger und als Medium. Sie muss dafür sorgen, dass ihre Funktion für den Teilmarkt ihrer Tätigkeit verstanden wird. Dann kommt es zu einem fruchtbaren Medienecho.

Persönliche Kommunikation

Die persönliche Kommunikation hat nach wie vor und auch zukünftig die höchste Bedeutung im Messemarketing. Trotz aller neuen Medien stellt die persönliche Begegnung den absolut größten Vorteil einer Messe dar. Denn Messemanager sind nach wie vor die eigentlichen Kommunikationsagenten zwischen Angebot und Nachfrage. Sie schaffen den Rahmen für weitere persönliche Kommunikation. Damit diese wirken kann, bedarf sie der Identifikation. Mit anderen Worten: Projektleiter einer Messe müssen wegen ihrer Branchenkompetenz gefragte Gesprächspartner der Aussteller und Besucher sein.

Ist erst einmal die Kompetenz erreicht, tauchen schnell neue Probleme auf – nämlich, dass sich der Kommunikationsträger und Agent hinsichtlich seiner Autorität verselbständigt oder über den Wolken schwebt. Dann überhört er schnell die leisen Töne des Marktes, und seine Kommunikationswirkung kann ins Negative umschlagen. Mit dem Wort Arroganz wird nicht selten die Arbeit bzw. Position eines ehemals gut akzeptierten Messemanagers bezeichnet. Das zeigt: Die notwendige Marktkompetenz muss tagtäglich erarbeitet werden. Der Kommunikator muss sich seinen Kunden stellen, sich selbstverständlich international im Markt bewähren und vernünftig mitreden können. Er muss Akzente setzen, Visionen vermitteln und dabei die unterschiedlichen Zielsetzungen seiner Kunden unter einen Hut bringen.

Persönliche Kommunikation muss sich in der Person des Messe- bzw. Projektmanagers als strategischer Auftrag des Messemarketings verstehen und darf somit nicht nur kurz vor und auf den Messen wirken. Die Saison dauert zwölf Monate. Es muss ihm gelingen, die persönlichen Kontakte zu den Kunden kompetent aufrecht zu erhalten. Dies gilt insbesondere dann, wenn der eigentliche Orderwert der Messen immer mehr abfällt und zur orderentscheidenden Information wird. Zielbezogene Messenachbereitung ist notwendig, denn jeder Messe folgt eine weitere nach. „Nach der Messe ist vor der Messe". Die Identifikation mit dem Markt ist gerade nach den Messen, oder besser gesagt zwischen den Messeterminen, notwendiger denn je. Dazu gehört die Aufarbeitung der Kritik über die Hallenaufplanung bis zum Galaabend.

Ein wichtiger Aspekt der persönlichen Kommunikation ist auch die Akquisition, die zum Teil externen Call-Centern mit branchenfremden Mitarbeitern übertragen wird. Der persönliche Kontakt des Projektteams ist hier sicherlich weitaus effektiver einzuschätzen, weil neue Messeüberlegungen, -erweiterungen, internationales Engagement etc. individueller und kompetenter vermittelt werden können. Daher ist es notwendig, das gesamte Projektteam zu schulen und zu motivieren, um die persönliche Kommunikationsfähigkeit und Akzeptanz bei den Kunden nicht auf den Projektleiter zu beschränken.

Problemfelder der Distributionspolitik

Der Vertrieb des Produkts Messe wird zunehmend schwieriger. Die Individualisierung der Anbieter- und der Einkäuferziele führt eher zu kleinen als zu großen Veranstaltungen. Die räumliche Immobilität von Messen und unübersichtliche gesamt- und weltwirtschaftliche Gegebenheiten führen bei den Messepartnern immer wieder zu neuen Wünschen – oder Ablehnungen. Kompromisskunst ist gefragt (Abb. 14).

Termin und Standort

Angesichts der unterschiedlichen Ziele der Aussteller und Besucher wird die *Terminfrage* zum Problem. Die Veränderungen in der Marktstruktur, Konzentration, Vertikalisierung und die unterschiedlichen Informations- und Orderprozesse machen die richtige Terminwahl immer schwieriger. Gerade in übersättigten Märkten will jeder Anbieter der Erste sein, der seine neuen Produkte präsentiert, um garantiert ein Stück vom begrenzten Einkaufsbudget abzubekommen. Andererseits wird der Druck auf frühe Termine auch von den großen Nachfragern, Konzernen, Versendern etc. angeheizt. In dieser schwierigen Situation müssen die Messegesellschaften sich vertriebstechnisch entscheiden und einen Messetermin finden, der innerhalb verschiedenster Interessenlagen weitestgehende Zustimmung findet. Zeichnet es sich zum Beispiel ab, dass ein messetragfähiges Potential von Anbietern und Nachfragern sich von der Leitmesse abzusondern versucht, so entsteht der Konflikt, einen weiteren Messetermin anbieten zu müssen, um diesen Kundenkreis nicht zu verlieren. Um durch diesen zusätzlichen Messetermin die Leitmesse nicht zu schädigen, muss sich das Messemanagement intensiv mit den Beteiligten der Hauptmesse auseinandersetzen. Die klare Marktpositionierung der neuen Messe und die Kommunikation der Zielsetzung ist für den Erhalt der Kompetenz der Leitmesse unbedingt notwendig.

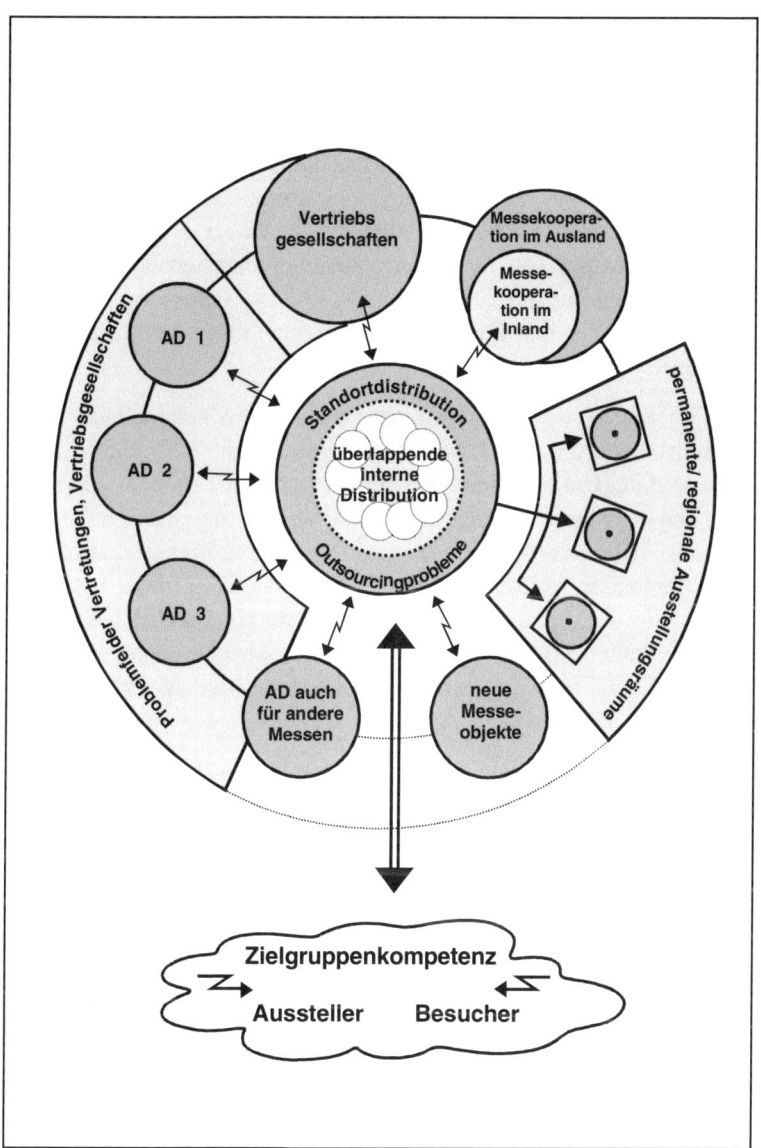

Abbildung 14: Problemfelder der Distributionspolitik

Die Praxis aber spricht eine andere Sprache: Viel zu oft wird hinter verschlossenen Türen nur mit den bedeutendsten Ausstellern und Besuchern gesprochen und eine neue Messe kreiert, ohne sich über die Zustimmung bzw. Ablehnung der übrigen Messeteilnehmer der Leitmesse zu informieren. Hauptgrund hierfür ist die Angst, die Konkurrenz – oftmals auch vermeintliche Konkurrenz – könne schneller reagieren. Nicht selten stellt das Nachgeben gegenüber einer kleinen, aber mächtigen Gruppe von Ausstellern bezüglich eines neuen oder veränderten Termins für die Gesamtbranche und die Potenz der Leitmesse den falschen Weg dar. Oft genug wissen oder ahnen die Verantwortlichen dies.

Das Wichtigste ist, die Stärke der Leitmesse zu unterstützen. Keine Terminveränderung und keine Abspaltung darf die Kompetenz, Koordinationsfähigkeit und Kontrolle infrage stellen. Ist es nicht zu verhindern und der Markt verlangt nach einer Separierung, müssen die Messegesellschaften vorbereitet sein und dieses neue Messeevent als Teil ihrer Leitmesse vertriebstechnisch kommunizieren. Das heißt, die Zielsetzung der neuen Veranstaltung muss für neue und alte Aussteller sachlich dokumentiert werden. Andernfalls wird sie nicht verstanden und die Kompetenz der Leitmesse wird angezweifelt. Das kann der Anfang vom Ende sein.

Einen der wesentlichen Erfolgsfaktoren stellt der *Messestandort* dar. Deutschland ist „Messeweltmeister" und hat wegen seiner zentralen Lage in Europa und seiner guten Infrastruktur weltweit anerkannte Vorteile. Für ihr organisatorisches Talent sind die deutschen Messemanager bekannt. Doch wenn das Thema Dienstleistungsbereitschaft zur Sprache kommt, verliert der Messestandort Deutschland ganz erheblich. Dabei ist noch nicht einmal unbedingt die Dienstleistungsbereitschaft der Messe und ihrer Mitarbeiter gemeint, sondern vielmehr die im Umfeld der Messe.

Eine Messestadt, die mit ihrer Messe „fremdelt", wird wohl kaum zum Ambiente und zur Dokumentation des psychologischen Mehrwerts beitragen. Um eine internationale Leitmesse aufzubauen muss die jeweilige Stadt mitspielen. Das beginnt bei den Ladenöffnungszeiten, den Restaurants, Hotels bis hin zum öffentlichen Nahverkehr und dem Straßenbau. Eine Messestadt darf den Messerhythmus nicht als Bestrafung empfinden, sondern als Wirtschaftsfaktor. Doch hier tun sich die deutschen Messestädte – trotz ihrer schönen Worte – oft schwer. Unverständlich, wenn man bedenkt, dass von den Messegesellschaften jährlich ein Umsatz von mehreren Milliarden DM ausgelöst wird, von dem die Messestädte nicht unerheblich profitieren.

Organisation des Vertriebs

Es ist schon erstaunlich, dass internationale Messegesellschaften erst in den vergangenen Jahren begannen, international systematisch mit Vertriebsgesellschaften oder Agenturen zusammenzuarbeiten. Zuvor wurden oft ganz abenteuerliche Vertriebswege gesucht – sei es über internationale Aussteller, Mund-zu-Mund-Propaganda, Pressekonferenzen oder sogar durch Übernahme der Vertriebssysteme wichtiger Aussteller. Heute kann man zumindest sagen, dass die wichtigen Leitmessen international gut vertreten sind. Rein organisatorisch steht also der Vertrieb, bleibt nur die Frage der Qualität.

Verlangt man bei der Organisation von Fach- und Branchenmessen zunehmend branchenkompetentes Messemanagement, so ist es nicht erstaunlich, dass gleiches von der Vertriebsmannschaft gewünscht wird. Abgesehen davon, dass Vertriebsmitarbeiter Fremdsprachen sprechen und vielleicht die wichtigsten potentiellen Aussteller und Besucher der von ihnen vertretenen Messe kennen müssen, hapert es an zwei Dingen: Erstens an der Identifikation mit den Messezielen und zum anderen am Branchenverständnis. Darüber hinaus sind sie häufig für mehrere Messegesellschaften gleichzeitig zuständig, was angesichts der Wettbewerbssituation der Messegesellschaften untereinander permanente Konflikte erzeugt. Da die gleichzeitige Vertretung direkt im Wettbewerb miteinander stehender Messen normalerweise nicht gestattet ist, erweitert sich das Branchenspektrum. Viele der Vertriebsmitarbeiter wissen von vielen Branchen ein wenig, aber von keiner genug. Ein Problem, das sich aus der Struktur des Vertriebs ergibt, aber eines, das sich keine Messe mehr leisten kann.

Räumliche Entfernung schafft geistige Entfernung. Auslandsagenturen werden nicht immer gut genug an die messeinterne Kommunikation angebunden. Sie sind oft nicht Teil der Messe, sondern ihre Diener oder Söldner. Sie kämpfen gegen Entgelt im Ausland für die Sache der Heimat. Meist auf Provisionsbasis, selten mit Fixum. Wenn auch Auslandsagenten sich zunehmend als Marketingleister verstehen und eine permanente Betreuung der Aussteller und Besucher betreiben, ist es nur allzu verständlich, dass Provisionsagenten primär ausstellerbezogen denken. Werden Aussteller für neue Messen angeworben, ist die Provision meist hoch und dementsprechend hoch das Akquisitionsengagement. Die Besucherakquisition wird jedoch nach HFU-Erhebungen in über zwei Dritteln der Fälle primär über die Medien durchgezogen. Hinzu kommen Messepräsentationen, Fachgespräche und Pressekonferenzen. Die eigentliche Besucherakquisition, die persönliche Ansprache und die Betreuung bis zum Messebesuch wird in den wenigsten Fällen durchgeführt. Ausnahmen allerdings bestätigen die Regel. Es gibt Agenturen, die sich branchenspezifisch im eigenen Land auskennen und sich nicht nur als Agent, sondern als Marketingmanager für den Messestandort verstehen.

Aber es macht wenig Sinn, die Agenten wegen ihrer Akquisitionsleistung zu kritisieren. Sie liefern, was sie können und wofür man sie bezahlt. Viel problematischer sind die akquisitorischen Leistungen von Messemanagern. Nach Aussagen von Ausstellern suchen diese den Kontakt zu ihnen nur dann, wenn sie etwas von ihnen wollen – zum Beispiel einen Umzug des Unternehmens auf einen anderen Hallenplatz. Spürbare Betreuung und damit die Wiedergewinnung von Altkunden für die nächste Messe stellen echte Ausnahmen dar. Wer von Messemanagern wahrgenommen werden wolle, müsse entweder „Aushängeschild" der Branche sein oder Zielkunde der Messegesellschaft.

Das Thema Kundenbesuche und Kundenpflege ist ein eigenes Kapitel. Insbesondere, wenn man die Akquisition bestehender Kunden für neue

Messeprojekte betrachtet. Angesichts der vermeintlich guten Position bei bestimmten Kunden wird bei diesen um die neue Teilnahme gebuhlt, wobei in erster Linie auf ihren bisherigen Erfolg am Messeplatz verwiesen wird. Daten, Fakten, Serviceleistungen der neuen Messe bis hin zur Vermittlung von Agenturen und damit Markt- und Vertriebspotential sind Leistungen, die die Messe durchaus bereit hält, aber oftmals nur unzureichend präsentiert. Die Frage, wie es am angestammten Messeplatz geht, wird kaum festgestellt. Doch letztlich zählt, dass der wichtigste Konkurrent angeblich schon zugesagt hat. Hat der Projektleiter dann die ersten wichtigen großen Kunden besucht – ob mit oder ohne Erfolg – verliert er offenbar den Spaß an der weiteren Akquisition. „Hat man das als Messemanager eigentlich nötig?" scheint er sich zu fragen. Nur so ist zu erklären, dass 80 % der Neukundenakquisition und damit der Distributionspolitik im Messemarketing wiederum unteren Chargen, wenn nicht sogar fremden, outgesourcten Akquisiteuren obliegt.

Problemfelder des Intelligence Service

Das „Hauptfach" jeder Messe ist ihr Intelligence Service. Von ihrer hier bereitgestellten Leistung und der kommunizierten Leistungsfähigkeit hängt auch die Problemintensität der Marketingaktivitäten im Rahmen der Angebots-, Distributions-, Kommunikations- und Kontrahierungspolitik zu einem nicht unerheblichen Teil ab.

Der Intelligence Service besteht aus zwei Teilen: Der Messemarktforschung und dem Angebot, Partner an den Ergebnissen teilhaben zu lassen. Ein dritter Aspekt ergibt sich, wenn es um die Frage geht, ab wann sich eine Messe selbst schadet, indem sie zu viele Erkenntnisse preisgibt. Wie an keinem anderen Ort prallen auf einer Messe Informationen und Meinungen unterschiedlicher Aussteller- und Besuchergruppen aufeinander (Abbildung 15). Dieses ist wichtig für die Messemarktforschung – nicht nur zur Datensammlung, sondern auch zur

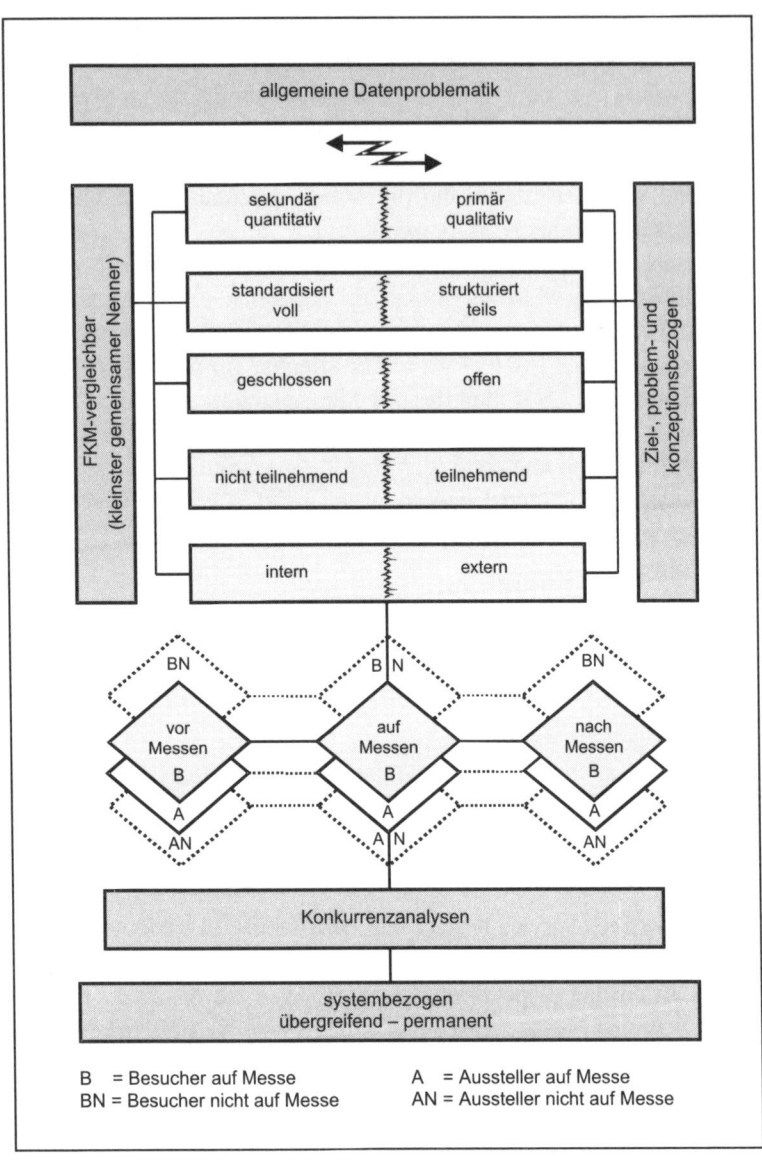

Abbildung 15: Problemfelder des Intelligence Service

Marktforschung ist ein teures Instrument und bedarf der Pflege, Schulung, permanenten Überprüfung und Kontrolle. Andererseits aber ist sie die einzige Analysemethode, deren Informationsquelle der Dialog, die Kommunikation auf Messen ist.

Leider werden diese qualitativen Primärerhebungen größtenteils aber nicht branchenorientiert durchgeführt, sondern zur Vergleichbarkeit mit anderen Branchen- und Produktmessen eingeebnet und häufig durch ein nicht spezialisiertes Marktforschungsinstitut durchgeführt. Dokumentiert wird ein solcher Missstand durch die Aussage von Ausstellern und Besuchern: „Ihr fragt Dinge ab, die ihr doch eigentlich schon längst selbst wissen müsstet!" Damit wird die Ernsthaftigkeit der Messemarktforschung durch die angezweifelt, die später einmal davon profitieren sollten. Durch ihren Zeitbezug und inhaltlichen Kompetenzbezug sind zwar qualitative Teilaussagen für das Messekonzept und damit die Marketinginstrumente möglich, Branchendimension haben solche Befragungen nicht automatisch, denn befragt wird nur eine Stichprobe aus dem Teil der Branche, der die Messe besucht. Was aber denken die anderen?

Systemorientierte qualitative Messemarktforschung

Die systemorientierte qualitative Messemarktforschung stellt eine Vernetzung auf und außerhalb der Messe her. Die Befragungen werden nicht nur auf Messen, sondern grundsätzlich das ganze Jahr über bei Ausstellern, Besuchern, Nicht-Ausstellern und Nicht-Besuchern, anderen Messeplätzen und insbesondere den alternativen Messemöglichkeiten, wie permanenten Ausstellungszentren, regionalen Veranstaltungen, Verbandsmessen und neuen Angebotsformen im Internet durchgeführt. Diese umfangreiche permanente Marktüberprüfung bedingt ein branchenorientiertes Systemdenken. Man begleitet den Informations- und Orderprozess einer Branche, um den Informationsablauf inklusive Messen zu erforschen. Erst mit Abschluss des Informations- und Orderprozesses ist es möglich, die realistische Bewertung der Messemarketingaktivitäten vorzunehmen und sie mit der Vergangenheit zu vergleichen.

Auch die Trend- oder Zukunftsforschung unterliegt den permanenten Veränderungen der wirtschaftlichen Rahmenbedingungen. Als begleitende Marktforschung greift sie in Verbindung mit den sekundärstatistischen Daten die Erwartungshaltung und -erfüllung und daraus resultierend die zukünftige Erwartungshaltung für das Messemarketing ab. Problemanalyse und Problemlösung werden durch die Dialogmarktforschung wesentlich leichter. Nicht zuletzt unter dem Gesichtspunkt, dass jedes qualitative Interview, jeder Dialog nicht nur eine Ad-hoc- und eine Ex-post-Betrachtung beinhaltet, sondern auch eine Zukunftsabsicht verdeutlicht.

Eine horizontale, auf einer Ebene stattfindende Befragung von Ausstellern und Besuchern sagt zwar noch wenig über die Entwicklung der vorgelagerten Anbieterstufe und den Verbraucher aus. Für die Teilnehmer der Messen lassen sich aber wichtige Erkenntnisse gewinnen, die im Sinne des Kompetenz- und Autoritätsanspruchs für Messegesellschaften branchenspezifisch immer notwendiger werden. Das Reagieren auf die Mitbewerber wird einfacher, die eigene Informations- und Kommunikationspolitik in jedem Fall glaubwürdiger.

Inwieweit diese Daten in einer Datenbank einer ganzen Branche zur Verfügung gestellt werden können, bleibt zunächst dahingestellt, dient doch das Intelligence System in erster Linie dem Marketing der Messeveranstalter. Problematisch ist, dass eine umfangreiche qualitative Systemmarktforschung in aller Regel am Faktor Kosten scheitert. Der Satz: „Eine solche Kommunikations- und Informationsautorität verlangt niemand von uns – bezahlt uns niemand.", könnte aus den Top-Etagen der meisten Messegesellschaften stammen. Vielleicht müssen erst wieder Branchenfremde, wie Online-, Internet- und Intranetdienste auf die Idee kommen, diese Daten zu liefern. Und es kann schneller als gedacht passieren, dass wieder die Frage gestellt wird: „Brauchen wir die Messen noch?"

4. Anforderungen an Messen

Die umfangreichen empirischen Analysen der Problemfelder des Messemarketings in den vergangenen Jahren machen deutlich: Die Funktionen und Aufgaben der Messen haben sich gerade in den letzten Jahren rasant verändert, und für die Zukunft müssen teilweise revolutionierende weitere Veränderungen erwartet werden. Es bleibt nur zu hoffen, dass alle Messeverantwortlichen diesen Quantensprung bezüglich der Anforderungen auch wirklich bemerkt haben.

Das Messemarketing von heute und von morgen ist wegen der schwieriger werdenden Wettbewerbsbedingungen, eines wachsenden qualitativen Informationsbedürfnisses angesichts Informationsüberflutung einerseits und dank der neuen Techniken und Medien andererseits mehr denn je permanenten Veränderungen unterworfen. Die anhaltende und oftmals kaum vorherzusagende Diskontinuität der Entwicklung und die Komplexität der Anforderungen im Aufgabenprofil und damit im Messemarketing werden immer größer.

Die Verschärfung des klassischen Angebots- und Nachfragewettbewerbs verlangt vom immer noch teuersten und als aufwändigsten eingeschätzten Marketinginstrument Messe eine Neuorientierung – das *dynamische Messemarketing.*

In Anlehnung an die Analysen der Bedürfniskategorien des Messemarketings von Professor Meffert (1997) hat die HFU in den vergangenen zwei Jahren in einer Expertenanalyse von über 1 000 Fällen die Anforderungen an das Messemarketing von heute und morgen wie folgt zusammengefasst:

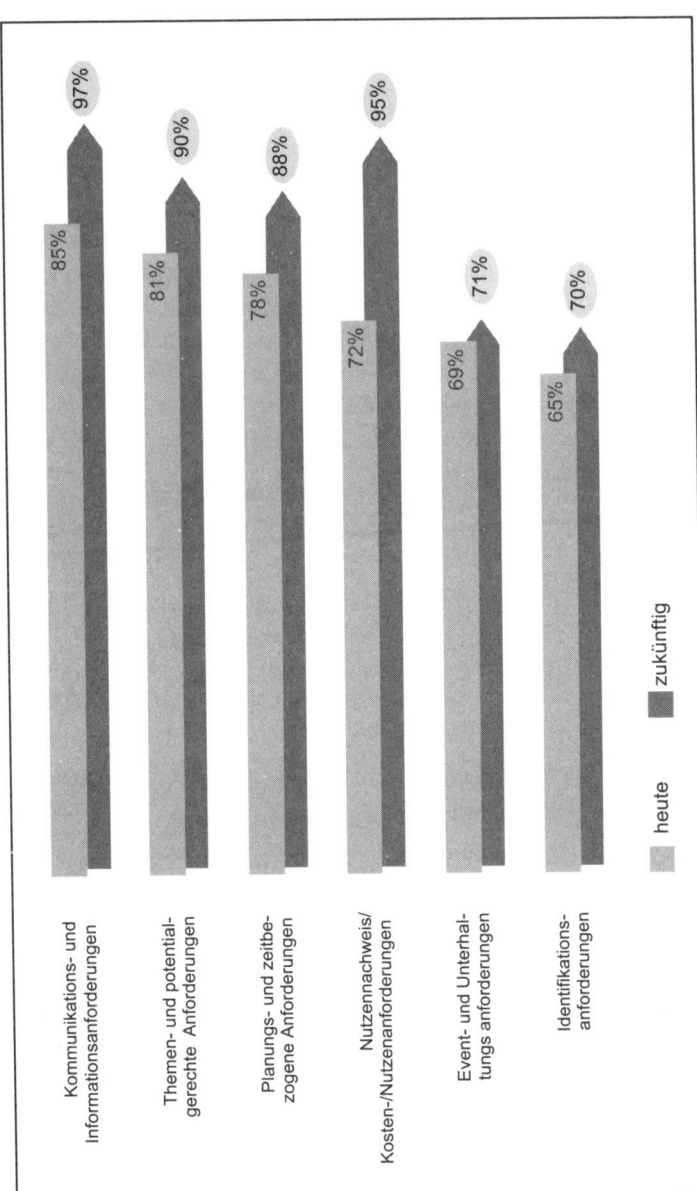

Abbildung 16: Katalogisierung der Anforderungen an Messen – heute und morgen

➢ Kommunikations- und Informationsanforderungen

Das heißt: schnelle, umfassende, effiziente und die neuen Medien integrierende Übermittlung von Informationen über die eigene Leistung – das Produkt und Produktumfeld, Ziele, Anwendungsmöglichkeiten, Preise, Vertragskomponenten, Verfügbarkeitsdaten, Lieferservice, Lieferbereitschaft, aktuell und zukünftig – und das alles auch noch persönlich.

➢ Themen- und potenzialgerechte Anforderungen

Das heißt: permanente Themen- und Zielintegration zur Sicherung einer markttragfähigen Angebots- und Nachfragestruktur der Messeveranstalter – spezifiziert und entsprechend den Markterfordernissen innovativ, kreativ, übergreifend – unter allgemein gültigen Innovationsgesichtspunkten im Sinne eines Spiegelbilds des Marktes.

➢ Planungs- und zeitbezogene Anforderungen

Das heißt: einen permanenten, überzeugenden Nutzennachweis des Messeangebots entsprechend der aktuellen tatsächlichen und notwendigen Bedürfnisse des Marktes, angefangen bei der Kompetenz des Messemanagements bis zur permanent angepassten Angebotstransparenz bezüglich des Kern- und Zusatzangebots.

➢ Event- und Unterhaltungsanforderungen

Das heißt: Darstellung der Notwendigkeit und Möglichkeit für den Aufbau von Erlebniswelten zur verbesserten Präsentation bis hin zu gesellschaftlichen Funktionen rund um das Produkt und die Messe selbst.

➤ Identifikationsanforderungen

Das heißt: Ermöglichung einer effizienten Markt- und vor allen Dingen Branchenkommunikation einerseits und Individualisierung der Unternehmenskommunikation andererseits in sich permanent verändernden Angebots- und Nachfragesituationen. Gleichzeitig muss kommuniziert werden, dass Dazugehörigkeitsgefühl nur durch dokumentierte Zugehörigkeit geweckt wird. Also: Teilnahme ist Pflicht für alle, die sich zur Branche zählen wollen.

Messen müssen sich neben der fortbestehenden Funktion als Branchentreffpunkt mehr denn je als Markt für Informationen verstehen, in dem das Anforderungsprofil in jedem Jahr und jeder Saison veränderten Ausprägungsintensitäten unterliegt. Aufgrund ihres kommunikativen Leistungsspektrums und ihrer Multifunktionalität, der Business-to-Business-Komponente und damit des wichtigen Face-to-Face-Kontaktes müssen sie immer wieder Interaktionen zwischen Ausstellern und Messebesuchern ermöglichen. Der Informationsnutzen muss hierbei immer wieder aufs neue transparent und nachvollziehbar dargestellt werden. Die bei den Messeteilnehmern zunehmenden Spannungsfelder gilt es zu antizipieren und vorzufühlen. Somit ist es nicht verwunderlich, dass fast alle Experten in ihren Anforderungen an Messen zur Ausgestaltung der Marktkommunikation zunehmend eine Moderatorfunktion der Messen fordern.

Anforderungen der Aussteller

Jeder Aussteller fragt sich: „Warum soll ich gerade diese Messe bestücken?" Eindeutige Antworten haben Seltenheitswert.

Angesichts eines nach wie vor expandierenden Messeangebots und gleichzeitig begrenzter Budgets der Aussteller ergibt sich verstärkt die Notwendigkeit zu einem systematischen Management der Messebeteiligungen. Wichtigstes Kriterium dafür ist die Effizienz bzw. die Effizienzsteigerung des Messeauftritts. Voraussetzung dafür ist die Analyse des individuellen Planungs- und Umsatzverhaltens der Firmen in Bezug auf Messen. Messebeteiligungen sind ein integraler Bestandteil einer ganzheitlichen Marketingkonzeption. Daher ist mit der Messeauswahl die Definition der jeweiligen Messeziele eng verbunden. Die ist von den Ausstellern zu leisten – verlangt aber inhaltliche und quantitative Kenntnisse über die infrage kommende Messe. Diese Informationen müssen die Messen erbringen – als Bringschuld.

Messebeteiligungsziele der Aussteller

Um das Anforderungsprofil der Aussteller an Messen heute und zukünftig zu untersuchen, wurden in den vergangen drei Jahren über 800 Aussteller aus dem Konsumgütersektor auf internationalen Messen zu ihren Zielen befragt. Dabei dominierten selbstverständlich die angebotspolitischen Ziele, aber die kommunikations- und distributionspolitischen Ziele schieben sich mehr und mehr in den Vordergrund der Überlegungen hinsichtlich einer Messebeteiligung. Es ist zu unterscheiden zwischen allgemeinen Messezielen und selektierten Zielen (bei Branchenmessen) sowie zwischen nationaler und internationaler Zielsetzung. Die internationalen Ziele hängen zunehmend nicht nur von der internationalen Stellung einer Messe ab, sondern auch davon, ob man sich angesichts internationaler Verflechtungen im Ausland selbst auf den dortigen Messen engagieren möchte. Die folgende Abbildung 17 zeigt, dass mit einer hohen internationalen Wertung bei gleichzeitigem Nachlassen der internationalen Wirkung im nationalen Markt durchweg ein zunehmendes Engagement im Ausland verbunden ist oder zusätzlich in Angriff genommen wird.

Neben der Präsentation der eigenen Leistungsfähigkeit und der Übermittlung orderentscheidender Informationen steht die Kontaktaufnahme mit potentiellen Kunden, aber auch die Kontaktpflege mit bestehenden und verloren gegangenen Kunden als Messebeteiligungsziel im Rahmen der *angebotspolitischen Ziele* ganz obenan. Mit anderen Worten: Beziehungsmarketing und Kundenbindung.

Wichtigkeit von:	-2 ←——— 0 ———→ +2		
	unwichtig mittlere Bedeutung sehr wichtig		
zukünftig:	↑ zunehmend (o) = gleichbleibend ↓ abnehmend		

Bereich	Ziele	%	allgemeine Messen	selektive/ Branchenmessen	national	international
Angebotspolitische Ziele	Präsentation der eigenen Leistungskompetenz	92	1,6 ↓	1,8 ↑	1,6 (o)	1,9 ↑
	Orderabschlüsse	71	1,4 ↓	1,7 (o)	1,3 ↓	1,6 ↑
	Orderentscheidende Information	87	1,7 ↑	1,9 ↑	1,2 ↓	1,6 ↑
	Innovation/Markteinführung von Produkten	61	0,9 ↓	1,7 ↑	1,3 ↓	1,8 ↑
	Markttest/Überprüfung der eigenen Leistung	46	0,5 ↓	0,8 ↓	0,5 ↓	1,1 ↑
Kommunikationspolitische Ziele	Stärkung/Übermittlung von Image/Philosophie	68	0,9 (o)	1,3 ↑	0,9 ↓	1,4 ↑
	Erhöhung des Bekanntheitsgrades	65	0,9 (o)	1,2 ↑	1,0 (o)	1,5 ↑
	persönliche Kommunikation/Beziehungspflege	79	0,8 ↓	1,5 ↑	1,3 (o)	1,7 ↑
	Integration neuer Medien/Techniken	42	0,6 ↑	1,1 ↑	1,0 ↑	1,8 ↑
	Konkurrenzanalyse/ Trendfindung/-sicherung	67	0,7 (o)	1,3 ↑	1,2 ↓	1,7 ↑
	Mitarbeitermotivation	51	0,8 ↓	0,9 ↓	0,7 ↓	1,1 ↑
Distributions- politische Ziele	Kontakterhöhung mit potenziellen Kunden	91	1,1 (o)	1,5 ↑	1,3 (o)	1,8 ↑
	Kontaktpflege mit bestehenden u. ehemaligen Kunden	89	1,0 ↓	1,1 (o)	1,0 ↓	1,7 ↑
	Aufbau von Vertriebswegen	21	-/.0,3 ↓	-/.0,1 ↓	-/.0,3 ↓	0,8 ↑
	Fachveranstaltungen/ Erfahrungsaustausch	50	-/.0,5 ↓	0,8 ↑	0,0 (o)	0,6 ↑
Kontrahie- rungspoli- tische Ziele	Kosten-/Nutzenoptimie- rung, bzw. Marktkontakt	81	-/.0,3 (o)	0,5 ↑	-/.0,4 ↓	1,1 ↑
	Preis-/Vertragsverhand- lungen (Lizenzen etc.)	65	-/.1,1 ↓	0,3 ↑	-/.0,2 ↓	1,0 ↓
	sonstige Ziele	42	----- ↓	----- ↑	----- ↓	----- ↓

Abbildung 17: Messebeteiligungsziele von Ausstellern

Die zunehmende Individualisierung des Messekontaktes auf Ausstellerseite bedeutet für die Messen, dass sie neben der ihnen teilweise nachgesagten undifferenzierten Quadratmetermassenwirkung zunehmend auf ein differenziertes Messemarketing setzen müssen. Sie müssen die Chance bieten und den Boden dafür bereiten, dass sich die richtigen Partner dort treffen können. Dabei stehen Messegesellschaften und Aussteller vor einem Problem, das in der Zukunft noch größer wird: Der sinkenden Messebedeutung bei steigender Marktdurchdringung. Durch die Alternativen zum Messebesuch und der Abschöpfung des inländischen Angebots vor den Messen lassen gerade national Orderabschlüsse, aber auch die Bedeutung der orderentscheidenden Informationen auf Messen nach. International hingegen haben Orderabschlüsse und orderentscheidende Informationen zunehmende Bedeutung. Hierbei ist, wie eben erwähnt, zu beachten, dass darunter auch die Teilnahme an Messen im Ausland verstanden wird, um den internationalen Kontakt zu bekommen.

Der Innovations- und Markttest anlässlich der Einführung von Produkten hat einen allgemein fallenden Stellenwert – außer in der Branche und im internationalen Bereich. Der früher häufig durchgeführte Markttest und die Überprüfung der eigenen Leistung werden nicht mehr so stark in Verbindung mit der Messebeteiligung gebracht. Ausnahmen dabei sind die internationale Nachfrage bzw. das internationale Ausstellen, um die entsprechenden Märkte nicht selten erst über Messen für die systematische Bearbeitung vorzubereiten.

Im Rahmen der *kommunikationspolitischen Ziele* steht die Stärkung des Unternehmensimages, aber auch die Übermittlung von Unternehmensphilosophien immer stärker branchenbezogen und international im Mittelpunkt. Doch nach wie vor steht die Erhöhung des Unternehmensbekanntheitsgrades bei Branchenmessen und internationalen Events vorn. Trotz einer zunehmenden Integration neuer Medien und Techniken in das Messeangebot, insbesondere als Schnittstelle zum schnelleren Agieren und Reagieren, aber auch im Sinne von Vorabinformation und Nachbereitung, bleibt die persönliche Kommunikations-

und Beziehungspflege neben dieser rein technischen Information und Kommunikation wesentliches Messeziel.

Die früher so wichtigen Erfolgskriterien für Messebeteiligungen, die Konkurrenzbeobachtung, Trendfindung und Trendabsicherung – verlieren zwar im Durchschnitt an Bedeutung. Im selektierten, branchenspezifischen Messeangebot hingegen finden sie gerade unter internationalen Gesichtspunkten ein nicht wegzudiskutierendes Interesse.

Auch die Mitarbeitermotivation gehört zur Problem- und Nutzenorientierung der Messebeteiligungsziele. Obwohl sie im Inland, nicht zuletzt unter Kostengesichtspunkten, etwas vernachlässigt wird, hat sie im Ausland zunehmende Bedeutung. Vielleicht ein Indiz dafür, dass erst durch die Internationalität des Messeangebots die kommunikationspolitischen Ziele wieder an Wert gewinnen und die nationale Marktbearbeitung entweder aufgrund der bestehenden Kundenbeziehungen oder alternativer Messeangebote nicht so interessant ist. Nur bei großen internationalen Events bzw. Messen im Inland sind nach wie vor höhere Werte im Rahmen der Mitarbeitermotivation, Selbstvorstellung, Präsentation der Firma und Integration festzustellen.

Wie kaum anders zu erwarten, steht die Kontakterhöhung mit potentiellen Kunden sowie die Kontaktpflege mit bestehenden und ehemaligen Kunden unter *distributionspolitischen* Gesichtspunkten nach wie vor ganz oben bei den Messebeteiligungszielen. Der Aufbau von neuen Vertriebswegen hingegen spielt nur international eine größere Rolle, sei es zum Kontaktaufbau oder als Exportanstrengung. Fachveranstaltungen und Erfahrungsaustausch haben zwar branchenbezogen noch immer einen hohen Stellenwert und gelten nicht zuletzt international als wichtig, müssen aber unter Nutzen- und Bedarfsgesichtspunkten angesichts des allgemeinen Messestresses relativiert werden.

Somit ist nicht verwunderlich, dass die Kosten-/Nutzenoptimierung durch Messebeteiligungen als *kontrahierungspolitisches* Ziel fast nur noch unter internationalen Aspekten hoch eingeschätzt wird. Gleiches gilt für Preis- und Vertragsverhandlungen bis hin zu Lizenzen, die unter dem Gesichtspunkt des Globalplaying international zwar an

Bedeutung gewinnen, aber national nicht mehr unbedingt zu den Anforderungen an eine Messebeteiligung gehören.

Bei der Positionierung der eigenen Leistungskompetenz hat nach wie vor die Messestandgestaltung, aber auch das Positionierungskonzept der Messebeteiligung höchsten Stellenwert. Dabei wird deutlich, dass eine mehr problemlösende und nutzenorientierte Messepositionierung einen hohen Stellenwert aufweist. Nur knapp 20 % der befragten Aussteller messen der alleinigen oder überwiegenden Kommunikations- und Erlebnisorientierung zukünftig eine noch höhere Bedeutung zu. Die Messebeteiligungsziele von Ausstellern sind branchenbezogen ausgesprochen unterschiedlich und müssen vor dem Hintergrund der heutigen und zukünftigen wirtschaftlichen Situation der jeweiligen Branche gewertet werden.

Zur Zielerreichung einer Messebeteiligung gehören ferner dynamische Aspekte. Aktivitäten, die vor, auf und nach der Messe durch die Aussteller selber, aber auch in Verbindung mit dem Messeangebot über den Erfolg oder Misserfolg einer Messe entscheiden.

Messeaktivitäten von Ausstellern

Die Hauptaufgabe in der *Vormessephase* besteht neben der Standplanung insbesondere in der Kommunikation hinsichtlich der eigenen Messebeteiligung bei den bestehenden und potentiellen Zielgruppen (Abbildung 18). Darüber hinaus fallen die Auswahl des Standpersonals und dessen Schulung und Qualifizierung immer mehr ins Gewicht. Denn Unternehmenskommunikation und gemeinsamer Auftritt wollen geübt sein.

In der Vormessephase müssen die Drähte in den ausstellenden Unternehmen heiß laufen. Je mehr Information vorab an den richtigen Mann gebracht werden kann, desto besser die Erfolgsaussichten für das Unternehmen während der Messe. Deshalb werden die Anforderungen

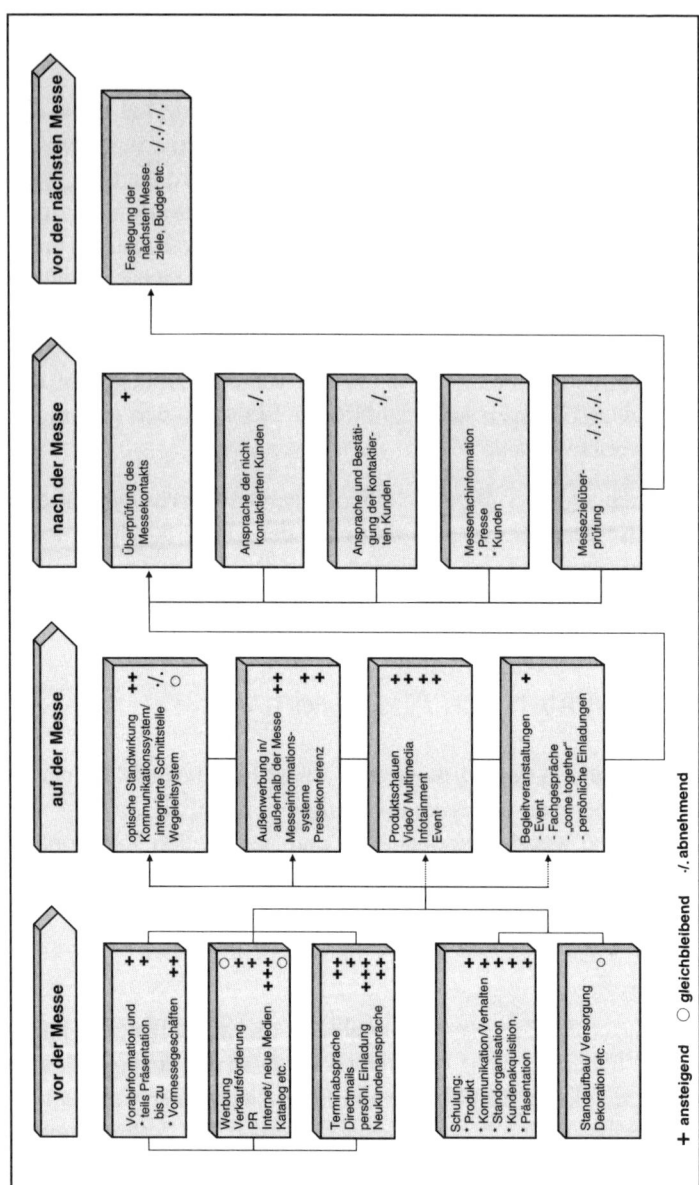

Abbildung 18: Messeaktivitäten von Ausstellern

der Messeteilnehmer hinsichtlich der Integration des Internet und anderer neuer Medien speziell in dieser Zeit immer größer. Falls man hier nicht selbst bereits aktiv ist, wünscht man sich Vorabinformationen im Internet durch die Messe. Nach wie vor bleibt jedoch die Katalogeintragung eines der wichtigsten Instrumente der Vormessephase. Für zu viele bleibt sie auch das einzige.

Immer mehr Aussteller bereiten die Messen zunehmend durch Directmails und persönliche Einladungen vor, um für die Messe feste Terminvereinbarungen zu treffen, unter anderem auch zur Neukundenakquisition. Hierzu brauchen die Teilnehmer frühzeitig genügend Informationen über die Messe, die Standpositionierung, spezielle Veranstaltungen etc. Nur mit diesen Informationen kann zum Beispiel eine zentrale Informationsveranstaltung am Messestand richtig geplant werden. Wichtig ist im Vorfeld auch die interne Schulung über die Produkte, die genaue Standorganisation und ein Verhaltenstraining sowie – parallel zu allem anderen – eine optimale Kundenansprache.

Die Vorbereitung des reibungslosen Standbaus, angefangen beim Aufbau über den Anschluss der Versorgungsleitungen bis zur Dekoration, gehört nach wie vor zu den wichtigsten Aufgaben vor der Messe. Die hierbei schon legendären Probleme logistischer Natur sind an allen Messestandorten ähnlich, die Lösung wird aber zunehmend als Serviceleistung verstanden und als Selbstverständlichkeit erachtet.

Auf der Messe steht die optische Wirkung des Standes zunächst im Mittelpunkt. Seine Positionierung spielt dabei zunehmend eine wichtigere Rolle, denn sie beeinflusst die Frequenz. Erstaunlich ist, dass die Kommunikationsqualität mittels neuer Techniken und Medien auf den Messen noch nicht den Standard hat, den sich die Aussteller wünschen. Sie wollen und müssen vom Stand aus permanent ins eigene Haus, aber auch parallel zu anderen internationalen Präsentationsflächen kommunizieren. Doch Inkompatibilität der Systeme und Verständnisschwierigkeiten treten hierbei immer wieder auf. Die technisch denkbare Möglichkeit, neben der tatsächlichen eine virtuelle Messe zu organisieren, wird noch nicht realisiert.

Bei den Aktivitäten innerhalb und außerhalb der Messe, bei den Messeinformationssystemen bis hin zu den Pressekonferenzen werden die Aussteller immer reger; zugleich wird immer intensiver die Unterstützung der Messen eingefordert. Infotainment in Form von Events, Produktschauen, Einsatz von Video und Multimedia nicht nur auf dem Stand, sondern auch auf den allgemeinen Verkehrsflächen des Messegeländes, sind gefragt. Die Wirkung von Opening-Veranstaltungen, Come-together-Parties, Begleitveranstaltungen, Fachgesprächen und persönlichen Einladungen wird immer höher eingeschätzt.

Die Aktivitäten der Aussteller auf der Messe lassen sich in die Bereiche Akquisition von Messebesuchern sowie Intensivierung des Dialogs mit ihnen gliedern. Es ist also alles darauf ausgerichtet, den Besucher auf den eigenen Messestand zu bringen. Neben den bereits angesprochenen medienwirksamen Aktivitäten steht dabei der persönliche Dialog zwischen Unternehmensvertretern und den auf der Messe erwarteten Zielgruppen im Mittelpunkt.

Die Präsenz der Unternehmensleitung, das „Präsentieren" des Chefs zum „Anfassen", auch wenn weniger wichtige Kunden erwartet werden, gilt als besonders effizient. Die Mitwirkung bei im Rahmenprogramm der Messen stattfindenden Veranstaltungen, wie Podiumsdiskussionen, Pressekonferenzen und Events, muss organisiert und vorbereitet werden. Jeder Unternehmer, der einen Auftritt in diesen Veranstaltungen hat, gewinnt – im positiven Fall – an Profil und überträgt diesen Profilgewinn auf sein Unternehmen. Auch hier werden die Anforderungen der Aussteller in Bezug auf die Hilfestellung durch die Messen immer größer.

In der *Nachmessephase* geht es um die Aufarbeitung des Messegeschehens, vor allem um die Überprüfung des Messekontaktes. Die Ansprache der nicht kontaktierten Kunden wird größtenteils vernachlässigt. Ebenfalls wichtig, aber oft vernachlässigt: Die Messenachbereitung. Dabei könnte diese, bei professioneller Durchführung, zu der die Information von Presse und Kunden gehört, erheblich zur Kundenbindung beitragen und damit zur Steigerung des Messeerfolges. Noch nicht einmal 27 % der befragten Aussteller führen eine regelmäßige

Erfolgskontrolle der Messen durch, obwohl die Ergebnisse aussagekräftige Informationen über Anforderungen an die nächste Messe liefern. Dies gilt sowohl für die Festlegung der nächsten Messeziele als auch des Budgets.

Typologie der Aussteller

Messeaussteller unterscheiden sich nicht nur durch ihre Angebote voneinander. Sie unterscheiden sich auch als Typen. Jeder Typ verfolgt eine andere Kommunikations- und Distributionspolitik. Eine Überprüfung von über 25 Konsumgütermessen anhand der Merkmale Messeziele, Messeselektionskriterien und Zielreflexionen der Aussteller führte zu folgender Typologisierung (Abb. 19), die im Sinne eines Clusters beschrieben wird. Die Typologie der Messeaussteller macht deutlich, dass je nach Cluster die einzelnen Typen unterschiedliche Messestrategien bzw. Vertriebs- und Kommunikationsstrategien fahren. Gleichzeitig aber sind sie voneinander abhängig. Das heißt: Die Messestrategien der einzelnen Aussteller verändern sich weitgehend automatisch, wenn Teilbereiche der Typen ein zu großes Übergewicht bzw. einen zu hohen Anteil an der Ausstellerstruktur aufweisen.

So ist der *Trendsetter bzw. Marktführer* als Opinionleader mit einem Anteil von ca. 8 bis 10 % nach wie vor das eigentliche Zugpferd internationaler Fachmessen. Seine Anforderungen an die Messen bestehen aber sehr stark in der Selbstdarstellung mit entsprechendem Umfeld und Resonanz. Seine Meinungsführerschaft muss er permanent nicht nur dem vorhandenen, kompetenten Publikum – sprich Besucher – sondern auch den sich möglicherweise überlegen fühlenden Mitbewerbern zeigen. Fällt die Anzahl der Trendsetter unter 5 %, besteht die Gefahr, dass sie die Messe verlassen, weil ihre Kommunikationswirkung ohne genügend namhafte Mitbewerber vom Image her sinkt und die Messe damit ihren Zielen nicht mehr gerecht werden kann. Trendsetter und Marktführer richten die größten Anforderungen an

		Trendsetter Marktführer 8%	internationale und nationale Markenindustrie 27%	wettbewerbsorientierte Pflichtaussteller 41%	Mitläufer 17%	Neueinsteiger 7%
Messeziele	Information	Informationsverstärkung (eigene Information)	sehr wichtig für Marken-Informationsverstärkung	gleichbedeutende Informations- und Orderzielsetzung	wichtig, anhängen an die Konkurrenzinformation	sehr wichtig
	Order	weniger wichtig, nicht unbedingt auf Messen	mittlere Bedeutung, wichtiger im internat. Bereich	sehr wichtig, bestimmt Vertrieb und Umsatz	sehr wichtig	(wichtig)
	Kontaktpotenzial	sehr wichtig, Voraussetzung für Teilnahme	sehr wichtig für Neukunden und internat. Engagement	sehr wichtig als Kommunikations mittler und -träger	sehr wichtig	sehr wichtig
	Kommunikationspotenzial	sehr wichtig für Machtdemonstration	sehr wichtig für persönliche und Markenkommunikation	sehr wichtig als Kommunikations mittler und -träger	wichtig, mittlere Bedeutung – „man läuft eben mit"	sehr wichtig
Messeauswahlkriterien	Internationale Bedeutung	sehr wichtig, Imageanspruch	wichtig, um als Marke zu wirken,	sehr wichtig für Export- und Kommunikationsstrategie	weniger wichtig, da oftmals nur bedingt exportfähig	wichtig
	Fachausstellerpotenzial und -kompetenz	sehr wichtig, um sich zu messen und darzustellen	sehr wichtig, Markenimage und Kompetenzkriterien	wichtig, Branchenbezug, orientieren an Mitbewerbern	wichtig	sehr wichtig
	Fachbesucherpotenzial und -kompetenz	sehr wichtig, um wirken zu können	sehr wichtig, Voraussetzung für Markenakzeptanz	sehr wichtig, Beurteilung des Markenpotentials	wichtig u.a. als Subcontracter	sehr wichtig
	Medienwirksamkeit	sehr wichtig, imageverstärkend	wichtig, markenunterstützend	sehr wichtig als eigenständige Kommunikationspolitik	weniger wichtig, da weniger Teilnahmekompetenz	wichtig
Zielreflektion/ Konzeption	Zielkonflikte unter den Ausstellern	Probleme einer oft sehr eigensinnigen kurz- bis mittelfristigen Messebeteiligung zwecks Zielerreichung im Sinne von	permanent auf dem Weg zum Marktführer – starke Bindung, aber Orientie-	starke Anlehnung an die Marken	Orientierung und Ein-stiegsproblematik - Messe als Markteintrittsstrategie,
	Allgemeine Probleme	Messebestätigung und Seperationsbereitschaft	rung und Bestätigung durch den Marktführer	und deren Nachfragepotential	partizipiert an den übrigen Ausstelleranforderungen	kommunikations- und vertriebsbezogen

Abbildung 19: Typologie der Messeaussteller

sich und an Messen. Sie sind damit unbequem, aber gleichzeitig Zugpferd in Bezug auf das notwendige Kontakt- und Kompetenzpotenzial.

Die *internationale und nationale Markenindustrie* mit einem Ausstelleranteil zwischen 25 % und 30 % kommuniziert auf der Messe in erster Linie ihre Bedeutung für ihre Kunden und die Branche. Sie ist damit abhängig vom Konkurrenzumfeld und von der Anwesenheit der Trend- und Marktführer, an denen sie sich mit dem Ziel, zu ihnen zu gehören, misst. Die permanente Bestätigung ihres Kundenpotenzials auf der Messe und des internationalen Neukundenanteils spielen für sie eine besondere Rolle. Ihre Markenkommunikation und -distribution finden auf Messen somit Bestätigung, Anpassung und Erweiterung. Verlässt der Trendführer bzw. Marktführer, an dem sich diese Ausstellergruppe orientiert, die Messe, ist sie nur selten bereit (und wohl auch nicht in der Lage), diese Trendfunktion zu übernehmen. Statt dessen folgen sie dem abwandernden Führungsunternehmen.

Der Anteil der *wettbewerbsorientierten Pflichtaussteller* von 41 % stellt den eigentlichen Kern der Konsumgüteraussteller dar. Sie können durchweg als nationale Markenaussteller eine echte Konkurrenz zur internationalen Markenindustrie darstellen. Eine internationale Markenpolitik wird jedoch aus nationalen oder anderen Erwägungen, wie zum Beispiel unterschiedliche Abnehmerstruktur, nicht durchgeführt. Dieser Typ der Messeaussteller hat seine Distributions- und Kommunikationsstrategie primär auf die Messen ausgerichtet. Es fällt ihm schwer, eine außerhalb der Messen stattfindende Kommunikations- und Dispositionsstrategie zu realisieren, die sich kurzfristig lohnt. Distributionspolitisch fährt er im Fahrwasser der Markt- und Markenführer und dem entsprechenden Fachbesucherpotenzial, das er teilweise preisbezogen anspricht. Damit ist eine eigenständige Kommunikations- und Distributionspolitik ohne den Messemarktplatz für ihn nicht möglich bzw. nicht lohnend. Für ihn ist es eher wichtig, dass der Anteil von Trendsettern und internationalen Marken rund ein Drittel der Messeaussteller beträgt, um nicht zu stark in den Wettbewerbssog seiner direkten Konkurrenten zu geraten. Ist das Fachaussteller- und Fachbesucherpotenzial nicht mehr vorhanden, konzentriert zunehmend auf andere Abnehmerstrukturen, und der Wert der Messebeteiligung sinkt für ihn. Als Zulieferer für Großabnehmer ist er ebenso tätig wie (zum Beispiel im Bekleidungssektor) als Zwischenmeister für Modemarken. Dementsprechend hoch ist auch seine distributions- und kommunikationspolitische Anstrengung in alternativen, permanenten Zentren außerhalb der Messe, um hier durch Handelsvertreter das Nachmessegeschäft zu sichern. Seine Wettbewerbsorientierung konzentriert sich in Bezug auf das Messeangebot eher auf die Pflicht als auf die Kür.

Sein Denken und sein Urteil ist vom Kosten-/Nutzenverhältnis geprägt und nicht zuletzt auf das Umfeld der Trendsetter und internationalen Marken ausgerichtet. Treten bei diesen Marken andere messepolitische Ziele auf, folgt er ihnen schnell mit einem Teil seiner Distributions- und Kommunikationsanstrengungen – selbst wenn er seine eigene Messepräsenz damit schwächt. Für diese Gruppe ist es daher wichtig, dass zwischen den Anteilen der Meinungsführer, der Markenindustrie und der Pflichtaussteller ein weitgehend ausgeglichenes Verhältnis herrscht. Zuwenig Trendsetter und Marken lassen die Kompetenz der Messe für die Pflichtaussteller sinken, umgekehrt reduziert ein Übermaß von Pflichtausstellern die sichtbare Kompetenz für die Marken- und Trendsetter.

Eine besondere und zunehmende Spezies stellen die *Mitläufer* dar. Mit knapp 20 % weisen sie auf den internationalen Messeplätzen Zuwachsraten auf. Hierunter befinden sich häufig ehemalige Subcontracter und Lohnfertiger, die teilweise für die zuvor genannten Gruppen tätig sind bzw. waren. Sie nutzen die Messen dazu, einerseits eigene Kollektionen auf den Markt zu bringen, andererseits ihren Mitausstellern und auch Handelsunternehmen Produktionskapazitäten anzubieten. Das gut gehende Produkt eines renommierten Anbieters wird unter Preis-/Leistungsgesichtspunkten wettbewerbsverzerrend präsentiert. Der Anteil der Mitläufer, die sich kommunikations- und vertriebsstrategisch an das bestehende Angebot anhängen, wirkt sich zunehmend negativ auf das Image der Messe und die Teilnahmeentscheidung der übrigen Aussteller aus.

Der Anteil der *Neueinsteiger* von ca. 7 bis 10 % wird als notwendige Blutauffrischung eines jeden Messeangebots eingestuft. Hierbei sind insbesondere Neugründer, diversifizierende Unternehmen und vor allen Dingen international interessante Anbieter zu finden, die die Messe zur Markteinführung nutzen. Hier stellen Kommunikations- und Distributionsstrategien primäre Elemente für die Messeteilnahme dar. Beim Produkt- und Markttest, der Überprüfung der Marktakzeptanz und der sukzessiven Markteintrittsstrategie ist für sie die Messe der wichtigste Kommunikationsmittler und -träger. Dabei ist ihnen die Präsenz der anderen Teilnehmer wichtig.

Ein wichtiges Kriterium der Anforderungen der Aussteller an Messen stellt die Homogenität der Messe dar. Hier sind verwandte Angebotsbereiche, von der Vorstufe bis zum Ladenbauer, vertikal als auch horizontal, sortimentsergänzend gemeint. Die Segmente müssen zueinander passen und die Anteile müssen in marktrelevanter Anteilspräsentation vorhanden sein. Ein Übergewicht des Kernangebots ist zu vermeiden. Ist keine Homogenität (in dieser speziellen Wortbedeutung) mehr gegeben, besteht die Möglichkeit, ein neues Kernangebot zu bilden und dieses als eigenständige Messe oder Spezialmesse an das bestehende Potenzial anzubauen.

Einkaufsverbände oder Verbundgruppen, die sich als Marketingserviceleister von einheitlichen Marketingkonzepten, einheitlicher und potenterer Einkaufspolitik bis hin zu Eigenmarken zunehmend auf die Ausstellerseite von Messen begeben, können die Zielsetzungen der bestehenden Ausstellertypen empfindlich stören. Da die Verbände als Kunden der Pflichtaussteller, der Markenindustrie und der Meinungsführer operieren, können sie als permanente Nachfrager im Messeangebot gewertet werden, die die Kommunikations- und Distributionsstrategie bündeln. Darüber hinaus binden sie in Bezug auf Kundenkontakt und Fachhandelskompetenz ihre Mitglieder an den Messeplatz.

Untersucht man die unterschiedlichen Zielsetzungen der Ausstellertypen, so ist festzustellen, dass neben dem eigentlichen Geschäft zwischen Produzenten und Händlern zunehmend horizontale, messebezogene Business-to-Business-Geschäfte auftreten – Geschäfte unter den Ausstellern. Die Typisierung dieser Ausstelleranteile wurde bislang kaum analysiert, sie wird aber in Bezug auf die Anforderungen der Aussteller und Besucher an Bedeutung gewinnen. Sie stellt ein Spiegelbild der Angebotssituation dar und muss auch als Konkurrenz der Messen gewertet werden, wenn entsprechende Eigenveranstaltungen entstehen. Sie als Randsortimentsanbieter zu ignorieren, könnte die Ziele der heutigen und zukünftigen Aussteller erheblich stören.

So robust Messen nach außen wirken mögen – nach innen sind sie sehr fragil. Unabhängig davon, ob und wie die Messeausstellertypen sich im Laufe der Zeit verändern, ist es wichtig, dass die Anteile in erträglicher oder gar in optimaler Relation stehen. Die Zusammenstellung muss ständig beobachtet werden. Selbst wenn sich bei den Ausstellern nichts ändert, können sich Verschiebungen dadurch ergeben, dass Unternehmen zwischen zwei Messeauftritten an und in sich selbst Änderungen vollziehen. Die dynamische Entwicklung der einzelnen Aussteller kann eben nur bedingt prognostiziert werden. Fallen als mögliche Folge solcher Entwicklungen dann die meinungsführenden Imagebildner einer Messe aus, so verliert einerseits die gesamte Veranstaltung an Attraktivität und andererseits sinkt damit auch die Anziehungskraft für diejenigen, die die Negativänderung herbeigeführt haben. Hier wird deutlich, wie bedeutsam der Faktor „Homogenität" und wie zerbrechlich das Gleichgewicht ist.

Anforderungen der Besucher

Was erwartet ein Messebesucher von „seiner" Messe? Eine Messegesellschaft, die das nicht weiß, weiß auch nicht, ob sie ihren Ausstellern das optimale Umfeld bietet oder ob sie hinter den Möglichkeiten zurückbleibt.

Bei der Bestimmung von Ursache und Wirkung – Angebot oder Nachfrage – und ihrer Anforderungen an den Treffpunkt Messe fällt auf, dass Messemacher sich mit den Besuchern in qualitativer Hinsicht noch zu wenig beschäftigen. Die Marktanalysen der HFU in den vergangenen drei Jahren bei 14 internationalen Konsumgüterfachmessen und über 1 000 Fachbesuchern zeigen aber eine äußerst hohe Erwartung der Besucher bezüglich dessen, was ihnen aus ihrer Sicht geboten werden sollte. Erstaunlicherweise unterscheiden sich die Angebotsanforderungen der ausländischen Besucher teilweise nur in der Intensität von denen inländischer Besucher. Starke Erwartungsunterschiede gibt es beim Thema Orderabschlüsse. Ausländische Besucher müssen das inländische Angebot auf der Messe ordern (können); inländische Besucher müssen das ausländische Angebot schreiben können. Ganz einfach eine Frage der späteren Verfügbarkeit. Beide Besuchergruppen wünschen im Übrigen nationale und internationale Fachkompetenz der Besucher. Der Grund ist einfach: Eine erwiesenermaßen hohe Kompetenz der Besucher allgemein bestätigt die eigene Kompetenz, sichert ein kompetentes Angebot und beweist die Richtigkeit des Messebesuchs. Die zunehmende Bedeutung ausländischer Besucher für das Ordergeschehen auf der Messe und die rückläufigen nationalen Orders belegen verstärkt die Hypothese, dass im Inland schon vor dem Messetermin Gelegenheit zur Marktabschöpfung besteht und genutzt wird. Der Premierencharakter von Messen ist damit Fiktion.

Die Intensität der Anforderungen heutiger und zukünftiger Besucher wird immer größer – denn die Dispositions- und Informationskosten werden trotz oder wegen der Informationsflut und der anhaltenden nationalen und internationalen Umstrukturierungen immer höher. Vorbei sind die Zeiten, in denen die Besucher auf einer Messe spontan orderten. Order, die gibt es fast nur noch auf reinen Verkaufsmessen, Verkaufsausstellungen oder Fachmessen für Konsumartikel. Mit Ausnahme des internationalen Publikums, das zum Teil eben nur auf Messen die Möglichkeit zur Information und Order bekommt, geht es bei den Messebesuchen allgemein eher um Informationssammlung, die später im eigenen Unternehmen in den entsprechenden Entscheidungsprozess einfließen.

Fachbesucheranforderungen an Messen

Obwohl bei den Fachbesuchern im Rahmen der *angebotspolitischen Anforderungen* der Wunsch nach branchenübergreifendem Angebot auf Messen allgemein zunimmt, ist dabei deutlich ein Trend in Richtung internationaler Fachmesse zu verzeichnen (Abbildung 20). Das Interesse an Nachbarbranchen oder inhaltlichen Ergänzungen nimmt zu, weil hier zum Teil die Umsätze erwartet werden, die im traditionellen Geschäft nicht mehr zu realisieren sind. Auffallend ist das schon angesprochene nachlassende Interesse am inländischen Angebot, obwohl dies im Rahmen einer weltumspannenden Marktübersicht ein Muss ist – insbesondere, aber nicht nur für das internationale Publikum. Inländischen Besuchern stehen für den Kontakt mit inländischen Ausstellern zunehmend Alternativen offen, so dass sie auf die Präsenz inländischer Aussteller auf der Messe für ihre eigenen Zielsetzungen nicht angewiesen sind. Neue Angebote sowie neue Trends spielen dagegen eine immer stärkere Rolle.

Aber es ist eben nicht das Angebot, das geprüft wird. Geprüft wird, ob und wie die Nutzungsmöglichkeiten gesichert werden. Einen Teil dieser Informationen können Aussteller den Messegesellschaften überlassen, damit diese die Besucher allgemein informieren. Denn sie erreichen mehr Menschen, weil sie andere Medien einsetzen (können). Nicht zuletzt die Dienstleistungen der Messegesellschaft werden im Zeitalter der neuen Techniken und Medien immer höher bewertet. Gerade deren Integration trägt zur sicheren Entscheidungsfindung bei. Wegen der immer rasanteren Veränderung der Anforderungen und zusätzlicher Angebote ist die gewünschte Homogenität des Angebots immer schwieriger zu gewährleisten – obwohl sie bezüglich der Anforderungsprofilierung immer wichtiger wird. Man könnte auch sagen, je undurchsichtiger und unübersichtlicher das Messeangebot wird, um so mehr ist der Besucher gezwungen, Alternativen zur reinen Messeinformation zu suchen. Eine Folge davon kann der Verzicht auf den Messebesuch sein. Immer dann, wenn als wichtig erachtete Leistungen nicht erbracht werden, sinkt im Empfinden des Besuchers die Bedeutung der Messe.

Anforderungen in Bereichen		Anforderungen an Messeangebote	%	branchen-übergreifendes Angebot	Fachangebot (selektiv)	nationales Angebot	internationales Angebot
Wichtigkeit von:		-2 ←――― 0 ――――→ +2 unwichtig / mittlere Bedeutung / sehr wichtig					
zukünftig:		↑zunehmend (o) = gleichbleibend ↓abnehmend					
Angebots- bzw. Produkt- und sortimentspolitische Anforderungen	●	Internationale Angebotsinformation	92	1,5 ↓	1,7 ↑	1,2 ↓	1,8 ↑
	●	Orderabschlüsse	65	-/.0,4 ↓	0,6 ↓	Inland 0,3 ↓ Ausland 1,0 (o)	1,2 ↑
	●	Orderentscheidende Information	90	1,3 (o)	1,7 ↑	0,8 (o)	1,7 ↑
	●	Neuheiten/Innovation/Trend	85	1,0 ↓	1,5 ↑	0,6 (o)	1,6 ↑
	●	Neue Anbieter/Angebotsformen	80	0,6 ↓	1,3 ↑	0,8 (o)	1,5 ↑
	●	Homogenität	80	0,8 ↑	1,4 ↑	1,2 ↑	1,2 ↑
	○	Dienstleistungen inkl. neue Techniken/Medien	77	0,5 ↓	1,3 ↑	1,0 (o)	1,2 ↑
Kommunikationspolitische Anforderungen	●	pers. Kommunikation Beziehungspflege Chetgespräche	89	0,3 (o)	1,5 ↑	1,2 ↓	1,6 ↑
	●	Angebotstransparenz	88	1,8 ↑	1,3 ↑	1,0 (o)	1,3 ↑
	○	Fachbesucherkompetenz	73	0,9 ↓	1,2 ↑	0,8 (o)	1,2 ↑
	○	Information vor und nach Messen	59	0,3 ↑	1,5 ↑	0,3 (o)	1,6 ↑
		Fachveranstaltungen	37	0,5 ↑	1,1 ↑	1,0 ↑	1,7 ↑
		Dienstleistungen auf der Messe	35	1,2 ↑	1,5 ↑	0,7 (o)	1,7 ↑
Einkaufspolitische Anforderungen	●	Termin	91	0,7 (o)	1,8 ↑	0,9 ↑	1,7 ↑
		Technische Entwicklung e-commerce etc.	62	0,3 ↑	1,0 ↑	1,0 ↑	1,3 ↑
	●	Standort (An- und Abreise, Hotel etc.)	70	0,9 ↑	1,2 ↑	Inland 0,8 ↑ Ausland 1,2 ↑	1,3 ↑
Preispolitische Anforderungen	●	Kosten-/Nutzenkriterien	95	1,6 (o)	1,8 ↑	Inland 1,0 ↑ Ausland 1,6 ↑	1,8 ↓
		Preistransparenz	82	1,2 ↑	1,5 ↑	1,6 ↑	1,7 ↓
Sonstige		indirekte, branchenbezogene Anforderungen	59	↓	↑	↓	↑

Abbildung 20: Anforderungen der Fachbesucher an Messen

Anforderungen an Messen 117

Den Schwerpunkt der *kommunikationspolitischen* Anforderungen bildet die Face-to-Face-Kommunikation mit all ihren Facetten – vom Sichkennenlernen bis hin zum Chefgespräch. Sie wird zunehmend wichtiger eingestuft. Wird sie ermöglicht, ist es gut, wird sie nicht ermöglicht, droht Gefahr. Anders ausgedrückt: Das Messeimage bzw. die Angebotsprofilierung nimmt schnell ab, wenn die „Chefs des Angebotes", aber auch die der Messegesellschaft, diese persönliche Branchenkommunikation nicht ermöglichen bzw. sie nicht selbst präsent sind.

Für Besucher ganz wichtig: die Angebotstransparenz, die Strukturierung des Angebots zur effizienteren Information und Kommunikation. Das Verstecken der Ware hinter riesigen Standburgen wird als Abwehr oder sogar Diffamierung der berechtigten Kommunikationswünsche gesehen – und nicht selten mit Missachtung gestraft.

Für Fachbesucher sind weitere Fachbesucher unverzichtbar. Die Bedeutung der Fachbesucherkompetenz nimmt zu. Fachbesucher würden nicht jeden auf die Messe lassen – insbesondere keine Endverbraucher, aber auch nicht neue Mitbewerber (zum Beispiel Seiteneinsteiger oder Branchenfremde mit Diversifizierungsambitionen) und Personen, deren Anwesenheit ihre Arbeit während der Messe oder ihr späteres Geschäft erschweren.

Die Endverbrauchertage und -events werden deshalb auch von Ausstellern durchaus zweischneidig gesehen. Zum einen begrüßt man die Integration (schon weil der Zuzug damit steuerbar und beobachtbar bleibt), zum anderen wird hierin aber auch eine deutliche Kompetenzminderung der eigenen Zielgruppe (der Facheinkäufer) gesehen. Endverbraucher auf Fachmessen lösen Druck auf die Fachbesucher aus. Sie müssen zur Messe gehen, um kein Informationsdefizit gegenüber ihren eigenen Kunden zu haben. Der „gläserne" Fachbesucher hat nach eigener Einschätzung schon genug mit der direkten Kommunikation zwischen Endverbraucher und Hersteller mittels neuer Techniken und Medien zu tun. Trotzdem beinhalten seine Anforderungen auch den Wunsch, den Endverbraucher nicht direkt, aber indirekt zu integrieren. Er soll durchaus an die Produkte herangeführt werden und

Interesse entwickeln dürfen – aber beim Aussteller (der auf Messen überwiegend Hersteller oder Vertreter des Herstellers ist) kaufen können soll er nicht. Teil-Integration wäre wohl das richtige Wort dafür.

Fachbesucher müssen auf Messen auch ihren eigenen Informationsvorsprung gegenüber ihren eigenen Kunden ausbauen und ihre Position zwischen Hersteller und Verbraucher sichern. Das um so mehr, als die neuen Techniken und Medien oftmals schnell in der Lage sind, das Fachwissen am Fachbesucher vorbei an den Endverbraucher zu bringen und mit ihm im direkten Dialog zu kommunizieren. Hier herrscht ein Kommunikationswettlauf unterschiedlicher Stufen. Ziel: Der Endverbraucher. Kein Wunder also, dass der Dienstleistungssektor Kommunikation vor, auf und nach den Messen national und vor allen Dingen international immer wichtiger wird.

Das schlägt sich nieder in Fachveranstaltungen, Kongressen etc., wobei der Anspruch an die Messeneutralität immer wichtiger wird. Paktiert eine Messe sichtbar mit einer Seite, so gibt es schnell Probleme. Die Kommunikation zwischen den Beteiligten ist sensibel. Neue Handelsformen und zunehmender Wettbewerb sind schlimm genug. Kommt dann noch die Befürchtung von Parteilichkeit in der Kommunikation einer Messe hinzu (Motto: Die sprechen ohnehin nur die Sprache ihrer größten Aussteller), dann wird eine solche Veranstaltung als nutzlos oder gar kontraproduktiv eingestuft. Ähnlich gefährlich sind die VIP-Veranstaltungen, bei denen die ausrichtenden Messegesellschaften ihre Teilnehmer bewusst auswählen, um damit das Messeimage zu fördern. Sie werden von der nicht teilnehmenden, meist größeren Menge der Besucher, als Diffamierung gewertet.

Das zeigt: Die allgemeine Offenheit der Kommunikation führt angesichts der permanenten Marktstrukturveränderungen und der damit verbundenen Zieldifferenzierung zu einer immer schwieriger werdenden messepolitischen Kommunikation. Somit stellt die Kommunikationspolitik ein sensibles und für den Fall von Fehlstreuung nicht ungefährliches Instrument für die Messen dar. Nur wenn die Kommunikationsabsicht den Besuchern bekannt und von ihnen akzeptiert ist, kann sie sich als positiver Wert in ihrem Anforderungskatalog niederschlagen.

Bei all den Zieldifferenzen ist es nur natürlich, dass die optimalen Termine der Messen zum wichtigsten Kriterium der *einkaufspolitischen* Anforderungen geworden sind. Ein zu früher oder zu später Termin wird als „Knock-out-Kriterium" des Besuchs gewertet. Hier ist deutlicher denn je die Autorität der Messegesellschaft gefragt, um die divergierenden Zielsetzungen unter einen Hut zu bringen. Das gilt auch für die neuen Angebots- und Kommunikationsformen und nicht zuletzt für das Thema E-Commerce. Man fordert hier immer mehr – solange es den eigenen Interessen dient. Angesichts des Wunsches nach internationaler Beteiligung, neuen Angebotsformen und Integration der Kommunikation keine leichte Aufgabe für die Messen, zumal dann, wenn der Premieren- und Trendcharakter auch noch angestrebt wird oder gesichert werden soll. Nach der Messe ist der Kontakt zum Besucher im Sinne von Kundenbindung immer wichtiger. Stimmt die „Nach-Betreuung", steigt die Lust, an einer weiteren Messe teilzunehmen. Immer wieder Sepp Herberger: Nach dem Spiel ist vor dem Spiel (der Messe).

Bleibt unter dem Gesichtspunkt der *preispolitischen* Anforderungen die lästige Frage nach einem effizienten Kosten-/Nutzenkriterium. „Zusätzliche Leistungen müssen bezahlt werden", weiß der Besucher. Aber: Bitte nicht von ihm selbst! Wozu zahlt man schließlich Eintritt. Und wenn die Eintrittskarte vom Aussteller „gesponsert" wurde, gibt es auch keinen Grund, für spezielle Messeangebote zu bezahlen. „Die Messen sind trotzdem schon teuer genug!" Gegen die weitverbreitete Kostenignoranz hilft nur eine absolute Preistransparenz – oder besser gesagt, ein Leistungsangebot, das nachvollzogen werden kann. Keine Zwangsmitgliedschaft, keine Zwangsanforderungen der Fachbesucher an Messen, sondern ein freiwilliges Angebot – und eine Nachfrage, die den Bedarf und die Teilnahme wettbewerbspolitisch bestimmt.

Hingegen wird die Ausnutzung der Wettbewerbssituation im Bereich des An- und Abreisens, des Übernachtens, des Hotelservices – ein zunehmender Engpass bei internationalen Messen – zunehmend als

„Messebesuchsverhinderungskriterium" verstanden. Kein Wunder: Solche Bedingungen schlagen sich automatisch in höheren Preisen (Messepreise) nieder. Zu teure Hotelzimmer, schlechter Service, Schlangen an Taxiständen – das alles lasten Messebesucher der Messe an. Zu viel Verdruss in diesem Messeumfeld mindert die empfundene Bedeutung der Messe und beschleunigt Abwanderungsgedanken.

Gerade mit Blick auf die persönliche Kommunikation stört es immer mehr, dass der Messebesuch mehrerer Mitarbeiter einer Firma – zum Beispiel zum Zwecke der Mitarbeitermotivation – aus Kostengründen kaum noch zu realisieren ist. Gleichzeitig treten die großen Konzerne zunehmend in „Rudeln" auf und stören nicht unerheblich den einzelnen „kleinen" Besucher in seiner Tätigkeit auf der Messe. Die „Großen" zeigen ihm, dass er und seine Interessen nicht zählen. Hier baut sich das Bild des ohnmächtigen Ein-Mann-Entscheiders gegenüber der mächtigen „Krake" der Einkaufsgremien auf, die von den Lieferanten (Umsatz vor Höflichkeit) ganz anders hofiert werden als der mittelständische Fachbesucher. Das ist eine gefährliche Entwicklung auch und gerade für Messen. Sie brauchen den „kleinen" Aussteller und Besucher, weil dieser erst die Angebots- und Nachfragevielfalt sichert und der Messe damit das Etikett „neutral" oder „ehrlicher Makler" verleiht. Die Qualität einer Messe ergibt sich aus der Sicht vieler ihrer Partner neben dem Vorhandensein von Marktführern auch aus der Überzeugung, hier komme „die ganze Branche" zusammen. Plattform für eine Branche ist eine Messe nur dann, wenn sie über die Vielfalt den Beweis erbringt, kein Instrument der Großen zu sein. Denn das mögen auch die Großen selbst nicht.

Messeaktivitäten von Besuchern

Die Anforderungen der Besucher steigen ähnlich wie die der Aussteller in allen drei relevanten Messephasen: vor, auf und nach der Messe. Hinsichtlich der Fachinformationen wird zunehmend eine Übersicht über das ausgestellte Angebot, über die ausstellenden Firmen sowie über die Informationsmöglichkeiten allgemein verlangt. Mehr als früher findet dabei eine Konkurrenzanalyse statt, wobei Vergleiche mit Messealternativen wie auch Alternativmessen vorgenommen werden.

Gerade in der *Vormessephase* aber bieten die Messeveranstalter selbst kaum eine rechtzeitige konzeptionelle Vorabinformation, die den Besuchern eine fundierte Planung erlaubt (Abbildung 21). Selbst im Bereich neuer Medien und Techniken findet der Besucher fast nur die üblichen Selbstdarstellungen der Messen, aber keine Informationen, die ihn in seinen konzeptionellen Überlegungen unterstützen. Inzwischen sind hier allerdings erste Versuche zu verzeichnen, das aktuelle Messeprogramm ins Internet zu stellen. Sie sind bei den Besuchern jedoch noch wenig bekannt. Markt- und Meinungsführer werden von den Ausstellern intensiv auch vor der Messe kontaktet, sei es im Sinne von Produkt- und Markttests oder um schon zu verkaufen, was nicht selten unter Preiszugeständnissen abläuft. Dieser direkte Kontakt ist für die Einstimmung auf die Messe einerseits sehr wichtig, findet aber häufig ohne die Einflussnahme der Messen statt, obwohl diese von den (späteren) Besuchern eigentlich gewünscht wird. Gerade die kleineren Handelsformen reklamieren hier Nachholbedarf, da sie der Ansicht sind, dass messebezogen nur mit den Großen, den Verbänden, den Markt- und Meinungsführern schlechthin gesprochen wird. Nicht zuletzt angesichts deren Bedeutung und der damit verbundenen Zielabstimmung wird je doch von Marktführern nach Messealternativen gesucht, die einen Termin vor der Messe bieten. Auch bei den kleineren Einheiten tritt bei fehlendem Informationskontakt eine zunehmende Verunsicherung und damit die Suche nach Alternativen ein.

Hat man sich für einen Messebesuch entschieden, kommt dem Messeservicepaket große Bedeutung zu. Die Unterstützung bei der Messeplanung hinsichtlich An- und Abreise, Übernachtung, Katalog und Rahmenprogramm ist für die Besucher ausgesprochen wichtig. Ein vorhandenes Servicepaket wirkt sich bei über 80 % der befragten Besucher positiv auf die Einschätzung des beabsichtigten Messebesuches und damit auf die Messebewertung aus. Informationsträger wie CD-Rom sind als Arbeitsgrundlage in der frühen Vormessephase immer stärker gefragt.

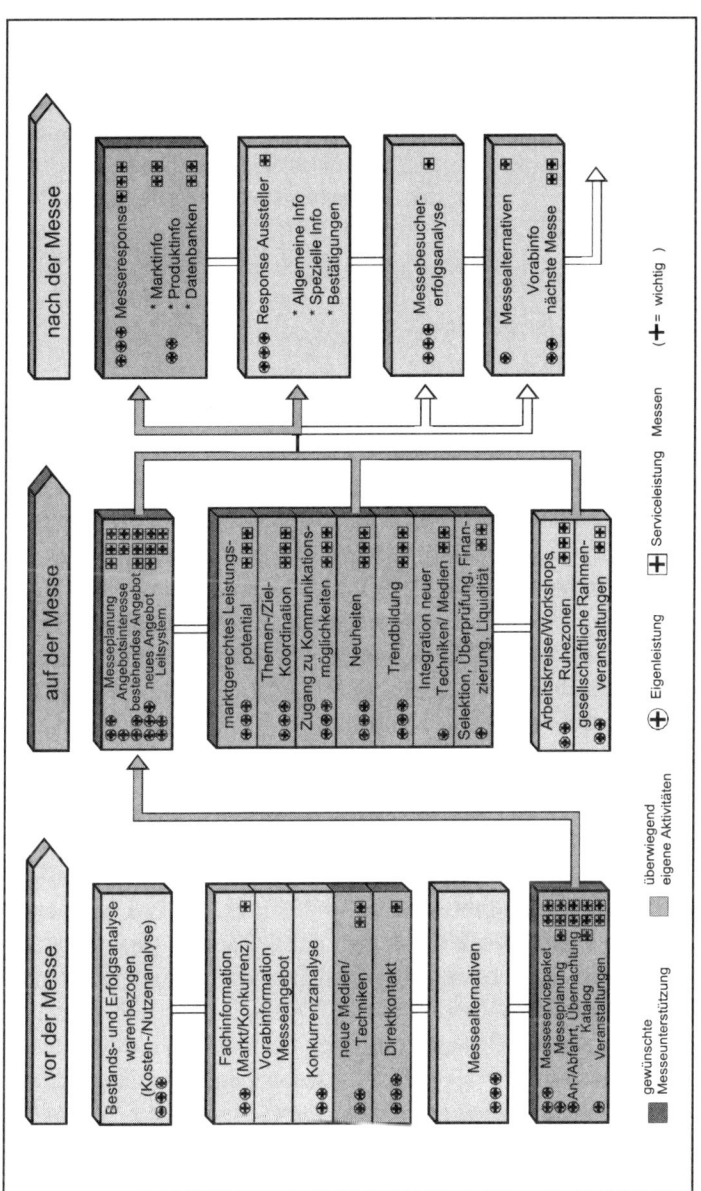

Abbildung 21: Messeaktivitäten von Besuchern

Anforderungen an Messen 123

Auf der Messe selbst steht die konstruktive Planung für den Besucher trotz aller Hektik nach wie vor im Vordergrund. Hierzu müssen Informationen zur Verfügung gestellt werden, die übersichtlich und nachvollziehbar gestaltet sind. Dies gilt vor allem für die Darstellung des Angebots und insbesondere neuer Angebotsbereiche. Denn nichts ist schlimmer, als die Effizienz des Messebesuchs durch fehlende Planungshilfen zu gefährden. Hier besteht der Wunsch nach einem Leitsystem, das den verschiedenen Zielsetzungen gerecht wird und dabei nicht zu kompliziert ist. Eine fundierte Planung vor und auf der Messe steigert nach Ansicht der befragten Besucher die Effizienz ihres Besuchs mindestens auf das Zweifache.

Die einkäufergerechte Präsentation des Angebots während der Messe ist ein weiteres Anforderungskriterium. Besucher honorieren eine Themen- und Zielkoordination. Der uneingeschränkte Zugang zu den diversen Kommunikationsmöglichkeiten ist besonders wichtig. Information und Meinungsbildung über Neuheiten und Trends gehören zu den primären Anforderungen an eine Messe. Somit wünscht man sich, dass diese Determinanten auch hinsichtlich der Präsentation auf der Messe für die Besucher herausgearbeitet werden, indem zum Beispiel Trendinformationen durch den Veranstalter oder kompetente Institutionen gebündelt, selektiert und aufbereitet als Informationspaket angeboten und mitgenommen werden können.

Obwohl der persönliche Kontakt für die Produktinformation bzw. die orderentscheidende Information ausschlaggebend ist, ist nicht zu verkennen, dass auch hier die Integration neuer Techniken und Medien als Unterstützung gewünscht wird. Das hat zur Folge, dass das Angebot für die Besucher aufbereitet werden muss. Zum Beispiel muss die angebotene Ware über Kennungen verfügen, die digital erfasst und später in der Warenwirtschaft – Planung, Order, Kalkulation, Nachbestellung, Terminierung, Präsentation – des Einzelhandels weiterverarbeitet werden können. Voraussetzung ist jedoch, dass eine Normierung der digitalen Kennung erfolgt, die dann später unter Umständen auch im Informationsaustausch über Abverkäufe und Nachbestellungen zwischen Lieferant und Kunden nützlich ist. Gleichzeitig ist an eine

Integration der Entscheider, die nicht auf der Messe sind, im Sinne von paralleler Information, national und international, zu denken. Darüber hinaus könnten unter anderem Finanzierung und Liquiditätsüberprüfung als Dienstleistungen mit Hilfe neuer Medien angeboten werden.

Zur Begegnungsatmosphäre auf Messen gehören Arbeitskreise, Workshops und Ruhezonen, die die Kommunikationsverarbeitung ermöglichen. Das entsprechende Angebot der Messen wünscht man sich immer intensiver als thematisch vorbereitete Treffen oder als neutrale Plattform für das Gespräch kompetenter Partner. Die gesellschaftlichen Rahmenveranstaltungen – die Social Events – unterstützen die Kommunikationsintensität, werden jedoch kritisiert, weil man Selbstzweck und Imagebildung der Messe vermutet.

In der *Nach-Messe-Phase* wird der Response als immer wichtiger eingestuft. Mit dem Ziel der Kundenbindung – Besucherbindung – müssen die Markt- und Produktinformationen auch nach der Messe für den Besucher bereitstehen. Dabei spielen ständig zur Verfügung stehende Datenbanken eine wachsende Rolle. Sie ermöglichen es dem Besucher, den Messebesuch nachzuarbeiten und eine allgemeingültige Marktübersicht zu bekommen. Auch hier sind wieder Systemkompatibilität und Autorität der Messen gefordert.

Bei ihren Erfolgsanalysen werden die Messebesucher weitgehend allein gelassen. Aber auch hier kann wiederum mit dem Ziel der Kundenbindung zur Verifizierung und Unterstützung eine permanente Information der Besucher einsetzen.

Typologie der Besucher

Das Anforderungsprofil von Messen heute und morgen wird wesentlich von der Typologie ihrer Besucher bestimmt. In den vergangenen drei Jahren hat die HFU, ähnlich wie bei der Typologie der Aussteller, bei über zwölf Konsumgütermessen eine Clusterung von Besuchertypen vorgenommen (Abbildung 22). Entsprechend den Messezielen einerseits, den Messeauswahlkriterien andererseits sowie nicht zuletzt ihrer Zielreflektion und Konzeption lassen sich hier sechs Grundklassen unterscheiden, die jedoch nicht statisch, sondern dynamisch zu gewichten sind. Ihre Anteile sind je nach Konsumgütermesse und aktuellem Marktinhalt bzw. Positionierung der Branche unterschiedlich. Ähnlich einem Diffusionsprozess befinden sie sich in permanenter Bewegung von der einen zur anderen Klasse - bei gleichzeitiger Abhängigkeit untereinander. Ähnlich einem Produktlebenszyklus befinden sich die einzelnen Typen in einer Entwicklung: Er fängt als Neubesucher – zum Beispiel als Repräsentant neuer Handelssysteme – an und macht sich auf den Weg zum Markt- und Meinungsführer, zum Beispiel weil sich traditionelle Handelsformen neu ausrichten.

Die *Markt- und Meinungsführer* stellen bei den analysierten Messen einen Anteil zwischen 15 und 18 % der Besucher. Auffallend ist, dass sie keine homogene Struktur besitzen. Daher haben wir sie nochmals unterteilt in A-, B-, C- und D-Typen.

Bei den A-Typen kann man von echten Meinungsführern, Opinionleadern, Trendsettern oder Scouts sprechen. Sie werden von allen übrigen Besuchertypen als innovative Meinungsmacher bewertet. Ihre Präsenz auf Messen wird unter dem Gesichtspunkt der Innovation als äußerst wichtig eingestuft. Sie selbst halten sich national, aber insbesondere international, hinsichtlich ihrer Kompetenz und Darstellungsbereitschaft für so wichtig, dass sie zwar die Messen brauchen, aber permanent in dem Zielkonflikt leben, ihr Image durch den Nichtbesuch von Messen zu bestätigen oder noch zu verbessern.

Bei den B-Typen der Meinungsführer handelt es sich um Verbundgruppen, die wegen ihrer Mitgliederbindung auch auf Messen immer wichtiger werden. Dazu zählen im Bereich der Mode ABZ, Katag, WHG, im Sport Intersport, im Schuhbereich Garant, Nord-West-Ring, im Bettenbereich Betten-Ring, in der Gastronomie und Großverpflegung Service-Bund etc. Bei ihnen stehen Marktübersicht, Information, Kontaktpflege und vor allem das Kommunikationspotenzial im Vordergrund. Die Medienwirksamkeit einer Messe, das Sehen und Gesehenwerden, macht sie zu Meinungsführern. Gleichzeitig besteht je-

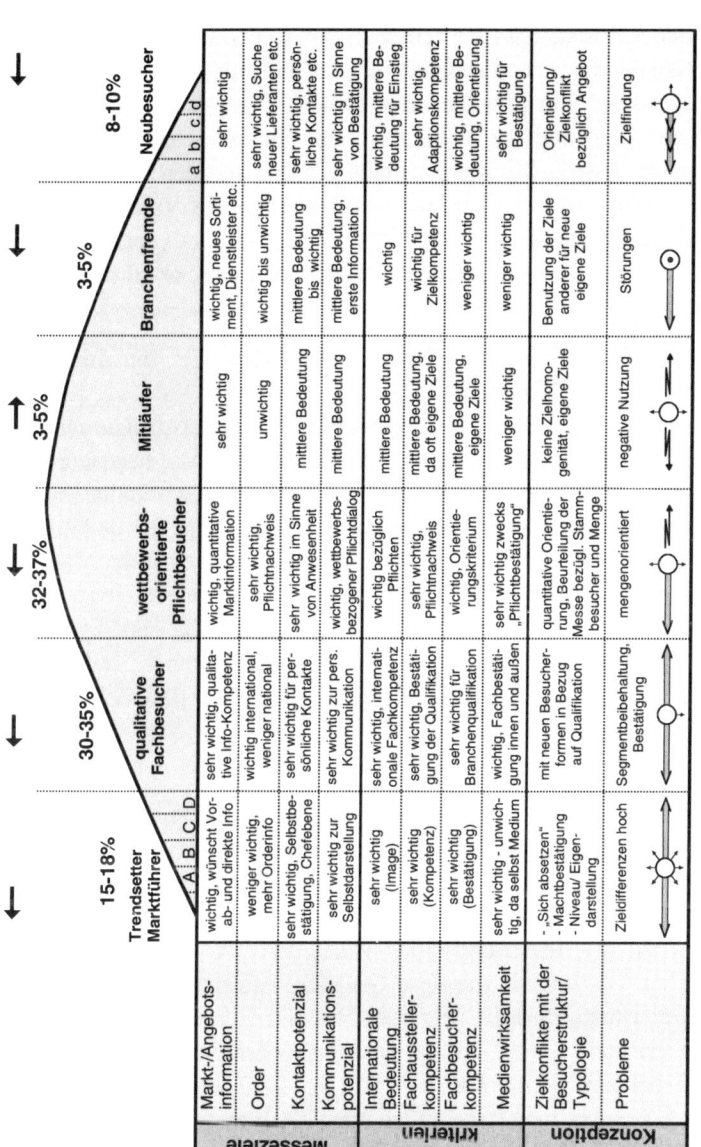

	Trendsetter Marktführer 15-18%	qualitative Fachbesucher 30-35%	wettbewerbsorientierte Pflichtbesucher 32-37%	Mitläufer 3-5%	Branchenfremde 3-5%	Neubesucher 8-10%
Messeziele						
Markt-/Angebotsinformation	wichtig, wünscht Vorab- und direkte Info	sehr wichtig, qualitative Info-Kompetenz	wichtig, quantitative Marktinformation	sehr wichtig	wichtig, neues Sortiment, Dienstleister etc.	sehr wichtig
Order	weniger wichtig, mehr Orderinfo	wichtig international, weniger national	sehr wichtig, Pflichtnachweis	unwichtig	wichtig bis unwichtig	sehr wichtig, Suche neuer Lieferanten etc.
Kontaktpotenzial	sehr wichtig, Selbstbestätigung, Chefebene	sehr wichtig für persönliche Kontakte	sehr wichtig im Sinne von Anwesenheit	mittlere Bedeutung	mittlere Bedeutung bis wichtig	sehr wichtig, persönliche Kontakte etc.
Kommunikationspotenzial	sehr wichtig zur Selbstdarstellung	sehr wichtig zur pers. Kommunikation	wichtig, wettbewerbsbezogener Pflichtdialog	mittlere Bedeutung	mittlere Bedeutung, erste Information	sehr wichtig im Sinne von Bestätigung
Messeauswahl-kriterien						
Internationale Bedeutung	sehr wichtig (Image)	sehr wichtig, internationale Fachkompetenz	wichtig bezüglich Pflichten	mittlere Bedeutung, da oft eigene Ziele	wichtig	wichtig, mittlere Bedeutung für Einstieg
Fachausstellerkompetenz	sehr wichtig (Kompetenz)	sehr wichtig, Bestätigung der Qualifikation	sehr wichtig, Pflichtnachweis	mittlere Bedeutung, eigene Ziele	wichtig für Zielkompetenz	sehr wichtig, Adaptionskompetenz
Fachbesucherkompetenz	sehr wichtig (Bestätigung)	sehr wichtig für Branchenqualifikation	wichtig, Orientierungskriterium	mittlere Bedeutung, eigene Ziele	weniger wichtig	wichtig, mittlere Bedeutung, Orientierung
Medienwirksamkeit	sehr wichtig - unwichtig, da selbst Medium	wichtig, Fachbestätigung von innen und außen	sehr wichtig zwecks „Pflichtbestätigung"	weniger wichtig	weniger wichtig	sehr wichtig für Bestätigung
Zielreflektion/Konzeption						
Zielkonflikte mit der Besucherstruktur/ Typologie	- „Sich absetzen" - Machtbestätigung - Niveau/ Eigendarstellung	mit neuen Besucherformen in Bezug auf Qualifikation	quantitative Orientierung, Beurteilung der Messe bezgl. Stammbesucher und Menge	keine Zielhomogenität, eigene Ziele	Benutzung der Ziele anderer für neue eigene Ziele	Orientierung/ Zielkonflikt bezüglich Angebot
Probleme	Zieldifferenzen hoch	Segmentbeibehaltung, Bestätigung	mengenorientiert	negative Nutzung	Störungen	Zielfindung

Abbildung 22: Typologie der Besucher

Anforderungen an Messen 127

doch der Konflikt, dass sie teilweise selbst Eigenmarken anbieten – also Anbieter sind – und zunehmend Dienstleistungen präsentieren, die in Konkurrenz zum Messeangebot stehen. Somit gehören sie gleichzeitig zur Kategorie der Mitläufer, wenn ihre Präsenz nicht deutlich dokumentiert wird. Mit der Einstellung: „Wir schauen uns auf dieser Messe nur um, denn unsere Verbandsmesse zwecks Vororder im Anschluss an die Messe ist wichtiger", werden sie unter Umständen zum Störfaktor, obwohl sie für viele Besucher nach wie vor zu den Markt- und Meinungsführern gehören.

Bei den C-Typen handelt es sich um Zentraleinkäufer von Konzernen oder anderen Großformen des Handels, wie Metro, Karstadt, Kaufhof bis hin zu großen Filialisten. Angesichts der Handelsstrukturveränderungen wird ihnen häufig vor und auf den Messen eine besondere Behandlung zuteil, nicht nur im Hinblick auf Preiszugeständnisse. Obwohl das Konfliktpotenzial gegenüber der Kerngruppe der qualitativen und Pflichtfachbesucher hoch ist, gehören sie wegen ihrer Marktbedeutung auch aus der Sicht dieser Gruppen zum imagetragenden Präsenzpotenzial der Besucher. Ihre Präsenz ist ein Image- und Qualitätskriterium für die Messe. Ein typisches Gegenargument, wenn über eine schlechte Besucherstruktur auf einer Messe gesprochen wird: „Ich habe aber die Einkaufsmannschaft von C&A (oder von Mövenpick oder einer ähnlich marktstarken Gruppe) hier gesehen!"

Die D-Typen sind kleinere Fachhändler, die als Erfahrungsaustausch-Gruppenleiter nicht nur potenzierende kommunikative Wirkung, sondern zunehmend Fachbesucher-Kompetenzwirkung aufweisen. Als Meinungsmacher mit Schneeballeffekt wirkt sich ihr Fehlen sofort negativ auf die Bewertung einer Messe aus. Sie sind Fachbesucher und haben Leitfunktion für diese Gruppen. Außerdem können Vertreter neuer Handelsformen, wie zum Beispiel Hennes + Mauritz oder andere vertikale Ketten, zu den Opinionleadern gehören, weil sie bei entsprechendem Erfolg von den übrigen Besuchern als Trendsetter gewertet werden. Ihr Messebesuch dient der Information, ihr Auftreten ist nicht unbedingt kooperativ, weil sie den Messebesuch als eigentlich unwichtig darstellen.

Allen Meinungsführern ist gemeinsam, dass für sie die Marktange-
botsinformation, die internationale Bedeutung und die Messe- und
Medienkompetenz wichtiger sind als die Order oder die orderentscheidende Information. Sie stehen in dem permanenten Zielkonflikt, sich zu
separieren – mit Ausnahme der Erfa-Gruppenleiter – oder sich durch
das Fernbleiben von Messen noch wichtiger zu machen. Aber im Hinblick auf die Machtbestätigung sind ihnen Messe und Messebesuch
sehr wichtig. Image, Kompetenz und Bestätigung spielen eine zunehmende Rolle. Der Umgang mit dieser Gruppe ist für die Messeveranstalter nicht leicht, zumal sie in permanentem Zielkonflikt mit den
qualitativen Fach- und Stammbesuchern stehen. Ihre Präsenz ist aber
nach wie vor ein Bewertungsmaßstab für die Qualität einer Messe. Sie
müssen beachtet und gehört werden, dürfen aber nicht überbewertet
werden.

Mit einem Anteil von 30 bis 35 % gehören die *qualitativen Fachbesucher* zu den wichtigsten Besuchertypen der Messe. Sie sind nationale
und vor allen Dingen internationale Vorzeige-Besucher. Über sie bestimmt sich das längerfristige Image für Messen. Ähnlich wie bei den
Markt- und Meinungsführern spielt hier das Chefgespräch, die persönliche Kommunikation, eine besonders große Rolle. Die Order steht
hinter dem Kontakt- und dem Kommunikationspotenzial zurück.

Für die Branchenkompetenz einer Messe ist die Präsenz der qualitativen Fachbesucher unbedingte Voraussetzung. Hinsichtlich des Kon-
fliktpotenzials ist dieser Besuchertyp jedoch sehr anfällig gegenüber
neuen Wettbewerbsformen. Nicht selten wirken sich ihre Wünsche
nach Segmentierung und fachbezogener Qualifizierung gegenüber
neuen Besucherstrukturen störend aus. Für die Messeveranstalter sind
sie unter dem Gesichtspunkt der Kundenbindung und bei der persönlichen Ansprache, ähnlich wie die Opinionleader, nicht gerade pflege-
leicht und wollen auch nicht so wirken. Ihre Ausrichtung an den Opinionleadern, der Wunsch dazuzugehören, lässt sich hinsichtlich ihrer
Zielreflektion in Richtung dieser Trendsetter sehen, aber sie brauchen
auch die Pflichtbesucher wegen der Quantität. Gerade gegenüber neu-
en Besucherformen mit hoher Fachkompetenz unterstreichen sie ihre

Qualifikation. Die Segmentierungs- und Bestätigungskriterien gehören zu den wichtigsten Determinanten ihres Clusters. Das Fehlen solcher Typen führt kurz- bis mittelfristig zum Imageverlust und zur Negativbewertung.

Bei den *wettbewerbsorientierten Pflicht- bzw. Stammbesuchern* mit einem Anteil von 32 bis 37 % steht die Quantität anderer Besuchertypen, insbesondere der Fachbesucher und Meinungsführer im Mittelpunkt ihres Messebesuchs. Sie kommen, weil sie in der Sorge leben, etwas Wichtiges zu verpassen. Die Order wird häufig als Pflichtübung sich selbst gegenüber gewertet und als Ausdruck der Bewertung des Angebots und damit der Messe selbst. Die persönliche Kommunikation mit den eventuell Wichtigen der Branche, auch innerhalb der Besucherstruktur, gilt als Pflichtdialog und Wettbewerbskriterium. Veränderungen des Messeangebots in Bezug auf Laufzeiten, Termine, Struktur etc. stehen sie ziemlich unflexibel gegenüber. Kritisch, bzw. anspruchsvoll wird dieser Typ erst, wenn Mitläufer, Branchenfremde und Neubesucher ihm quantitativ zu schaffen machen oder, anders ausgedrückt, er sich nicht mehr wohl fühlt in seinem angestammten Besucherumfeld. Bezüglich der Zielreflektion seines Clusters kann er oftmals als Bremser von dringend notwendigen Marktveränderungen in Bezug auf das Messegeschehen eingestuft werden. Daher ist die Verbindung zur Gruppe der qualitativen Fachbesucher und die permanente Integration besonders wichtig.

Die *Mitläufer* machen 3 bis 5 % aus und stehen durchweg in nicht homogener Zielkongruenz zu den bestehenden Besuchertypen. Will sagen: Sie nutzen die Messe nicht wegen ihres messetypischen Angebots. Sie kochen als Besucher ihr eigenes Süppchen. Hinzu kommen divergierende Zielsetzungen zwischen den Mitläufern, zu denen unter anderen Vorstufenanbieter und -nachfrager, Dienstleister von Werbeagenturen bis zu Unternehmensberatern, sowie Akquisiteure von Konkurrenzmessen und Orderzentren gehören. Für sie ist die Messe wichtig, da sie hier zu einem bestimmten Zeitpunkt und an einem Ort ihre Zielgruppe finden und die Durchsetzung eigener Zielsetzungen, wie

Akquisition und Besprechung von Geschäften, unabhängig vom Kerngeschäft der Messe vorantreiben können.

Bei den *Branchenfremden* mit einem Anteil von ebenfalls 3 bis 5 % stehen in erster Linie Marktübersicht und Angebotsinformation im Mittelpunkt des Messebesuchs. Man informiert sich, um sich entweder als Quereinsteiger oder vertikaler und horizontaler Diversifizierer mit neuen Märkten auseinanderzusetzen oder um neues Marktpotenzial kennen zu lernen. Sie werden als neutral empfunden, weil sie nicht störend in das Messegeschehen eingreifen.

Interessanter ist das Potenzial der *Neubesucher* mit einem Anteil von 8 bis 10 Prozent, das für das Leben der Messe und die zuvor geschilderte permanente Veränderung besonders wichtig ist. Im Diffusionsprozess gehören sie eigentlich zur „späten Mehrheit", können aber schon morgen die Meinungsführer sein. Auch hierbei lassen sich Unterscheidungen in a-, b-, c- und d-Typen durchführen.

Als a-Typen werden die internationalen Neubesucher bezeichnet, die für die Aussteller immer wichtiger werden. Für die anderen Besucher unterstreichen sie die Bedeutung der Messe.

Die b-Kategorie ist den Neugründern vorbehalten. Auch hier ist das Anforderungspotenzial an Messen hinsichtlich der Integration und Zielfindung besonders groß. Im Rahmen des Adaptionsprozesses innerhalb des Messegeschehens müssen sie einerseits geleitet werden, andererseits sind sie auch Impulsgeber für Angebot und Nachfrage. Gerade die Dienstleistungs- und Orientierungsfunktion der Messe im Sinne eines Unternehmensberaters für den Besucher wird aus ihrer Sicht besonders hoch eingeschätzt. Man hat den permanenten Wunsch bzw. die Zielsetzung, sich nicht nur zu orientieren, sondern dazuzugehören.

Aber auch die c-Typen – die neuen Systeme, die oftmals bereits zu den Opinionleadern gehören, sind Teil der Neubesucher. Dies gilt sowohl für die neuen vertikalen Formen bis hin zu den neuen Techniken und Medien im Bereich von E-Commerce. Diese Besuchergruppe mit ihren hohen Anforderungen an die Messe mittel- bis langfristig zu binden, ist nicht leicht, aber angesichts des Anspruchs Spiegelbild des Marktes zu sein, immer wichtiger.

Last, not least gehören auch potentielle neue Aussteller zu den Neubesuchern. Lieferanten, die sich als Besucher ein Bild von der Messe machen wollen. Man erkennt schnell, dass Neubesucher, auch wenn sie in Bezug auf ihre Messeziele, Messeauswahlkriterien und die Zielreflektion recht unterschiedlich sind, als Blutzuführung für die Messen wichtig sind. Daher gilt es, den potentiellen Neubesuchern und ihren individuellen Zielabsichten anforderungsbezogen permanent zu entsprechen. Als Neulinge ist für sie das Messegeschehen nicht leicht zu verstehen – dementsprechend ist der Wunsch nach Hilfestellung groß.

Eine Messe lebt mit den unterschiedlichen Typen von Besuchern. Daher ist es wichtig, die Leittypen permanent gemäß ihren Anforderungen zu bedienen, aber gleichzeitig darauf zu achten, dass neue Typen permanent Zugang und Integrationschancen erhalten. Gleichzeitig muss verhindert werden, dass Mitläufer und Branchenfremde störend auf das Kernbesucherpotenzial wirken. Das gilt insbesondere beim Thema Endverbraucher. Hier kann nur in enger Abstimmung mit den Zielen der Fachbesucher von Fall zu Fall eine Einigung erzielt werden. Ähnliches gilt auch für die VIPs, die imagefördernd sicherlich von allen Besuchertypen gewünscht werden, aber nicht unbedingt nötig sind.

In jedem Fall ist festzustellen: Die Anforderungen der Messebesucher werden immer dynamischer und differenzierter. Es ist nicht leicht, marktpotenzialstarke Cluster zu finden, um diese sich permanent in Veränderung befindlichen Typen, ihre Anforderungen und Aktivitäten unter einen Hut zu bringen. Das Zufriedenheitsniveau der Besucher nach einer Messe ist als Planungsfaktor für jede nachfolgende Messe so wichtig wie die Zufriedenheit der Aussteller. Die Sensoren der Messemacher sind hier gefragt, denn die Besucher sind in ihrer Gesamtheit durchaus als „kritische Masse" zu verstehen, deren inadäquate Behandlung schnell zu einem Unglück führen kann.

5. Analyse – Determinanten für den Messeerfolg

Diese Prognose wird den Messegesellschaften gefallen: Messen werden trotz oder gerade wegen des Quantensprungs in der Kommunikation mittels neuer und teilweise noch nicht übersehbarer interaktiver Medien für alle am Wirtschaftskreislauf beteiligten Systeme bis hin zum Verbraucher – als Kommunikationsträger und -mittler trotz allen Wettbewerbs einen hohen Stellenwert behalten. Messen sind nicht überflüssig und können nicht wegdiskutiert oder ersetzt werden. Vielmehr erhalten sie gerade in unserer heutigen und zukünftigen Kommunikationsgesellschaft als Treffpunkt von Angebot und Nachfrage sowie persönlicher Kommunikation eine ganz neue und nicht zu unterschätzende Bedeutung. Trotz des sehr leichten Zugangs zu Informationen, steigender Markttransparenz und rückläufiger Transaktionskosten auf dem Weg zum sogenannten „vollkommenen Markt" kommt jetzt die Einschränkung: Voraussetzung hierfür ist eine optimale Anpassung der Messe an die neuen Anforderungen. Es genügt nicht, nur die Probleme von gestern zu analysieren bzw. die von heute und morgen zu antizipieren, sondern es ist Problembewältigung, Aktivität – kurzum ein Agieren der Messen selbst – angesichts der dynamischen Entwicklung im internationalen Kommunikationskonzert angesagt.

Das Erfolgsrezept schlechthin, nämlich „die richtige Ware zur richtigen Zeit am richtigen Ort" zu präsentieren, wird nicht nur immer schwieriger zu realisieren, sondern auch immer fragwürdiger, da Just-in-time-Informationszugriff immer schneller möglich ist, Entscheidungsprozesse dank zunehmender Vernetzung immer sicherer werden und nicht zuletzt eine „virtuelle Wirtschaft" durch Internet, Intranet und E-Commerce entsteht.

Dabei stellt die Messe nach wie vor eine Börse dar, die zu bestimmten Zeiten – wie der Parketthandel – geöffnet ist. Aber auch Börsengeschäfte sind heute dank der neuen Medien und Techniken 24 Stunden rund um die Welt machbar. Wer nach Börsenschluss in Frankfurt seine Anlege- oder Verkaufsabsichten noch nicht realisiert hat, geht weiter nach New York und von dort, wenn es sein muss, bis Tokio.

Mit dieser Entwicklung hin zu einem niemals schlafenden Markt, einem 24-Stunden-Tag und einer Sieben-Tage-Woche im internationalen Maßstab wird man sich beschäftigen müssen. Denn neue Chancen, die nicht genutzt werden, weil sie technisch nicht realisiert werden können, bedeuten eine Verschlechterung der Wettbewerbssituation. Um im Beispiel zu bleiben: Die Börsen sind auch dann aktiv, wenn sie für den Parketthandel geschlossen sind. Dieses Prinzip ist auf seine Transfertauglichkeit für andere Branchen zu prüfen. Messemanagement, Aussteller und Besucher müssen ihre liebgewonnenen Einstellungen grundlegend verändern und, was noch viel schlimmer ist, die neue Messe von morgen muss nicht unbedingt die richtige für übermorgen sein. Es gibt kein „Augen zu und durch!". Stattdessen müsste der Zukunftswahlspruch lauten: „Augen auf und ran!" Neue Systeme initiieren, genau wie seinerzeit die Ökologiebewegung, neue Ökonomien, die in die traditionellen Werte bestehender Wirtschaftsstrukturen bestmöglich zu integrieren sind. Das neue Informationszeitalter mit seinen fast immer unverständlich anmutenden Kommunikationselementen verlangt einen zielbezogenen Umgang mit den Dingen und einen partnerschaftlichen Umgang der Personen miteinander. Vor allen Dingen sollten wir aber lernen, wieder verständlich miteinander zu reden und die neuen Techniken und Medien auch wirklich als Hilfsmittel unseres Lebens zu verstehen. Gerade hier ist das Medium Messe als das persönlichste Kommunikations- und Dialoginstrument mehr denn je gefordert. Das ist Teil der neuen Chance.

Will man über die Erfolgsdeterminanten für Messen heute und morgen sprechen, hat man die *klassische Wertschöpfungskette* der Produkte vom Rohstoff bis zum Endprodukt für den Konsumenten unter die

Lupe zu nehmen (Abbildung 23). Messen sitzen dabei an den Schnittstellen im Lebenszyklus von Produkten – alten und vor allem neuen.

Ob früher alles besser war, ist nicht sicher. Aber vieles war klarer: Messen wussten, wie und wo sie funktionieren konnten: als Schnittstelle zwischen allen Beteiligten von den Herstellern bis zu den Endkunden. Messen waren Plattformen für Begegnung und Termine für Innovationen. Doch mit dieser Klarheit ist es vorbei, denn die klassischen Systemelemente beginnen sich bereits heute zu vermischen. Der Zulieferer arbeitet in Kooperation mit Herstellern und Dienstleistern, eigenen Vertriebssystemen bis hin zum Verbraucher oder der Handel durch Eigenmarken in Kooperation mit Herstellern und Zulieferern. Vertikale und horizontale Systeme haben sich also bereits ohne den interaktiven Faktor von Multimedia stark verändert und müssen von den Messen zunehmend beobachtet werden. Die klassische Wertschöpfung, die heute noch einigermaßen erkennbar ist, wird wesentlich durch die Messen verbunden und die geringe Informationsdurchgängigkeit vom Hersteller bis zum Konsumenten durch die Messen verbessert. Messen bündeln Einzelentwicklungen zu Trends und machen sichtbar, was sich vor und hinter der Ware abspielt.

Verschmelzen Aussteller und Besucher oder Hersteller und Händler, und ergeben sich neue Konstellationen bzw. eine *veränderte Wertschöpfung*, wird es für Messen schwieriger, die Erweiterung des Angebots und die Besucherintegration zu gewährleisten. Ihre Rolle als Bindeglied zwischen unterschiedlichen Produktions- und Dienstleistungssystemen im vertikalen und teils auch im horizontalen Absatzkanal wird immer undurchsichtiger. Die Informations- und Kommunikationssicherheit stößt an ihre Grenzen.

Doch Kosten- und Erfolgsdruck auf der einen und die Möglichkeiten der modernsten Technik auf der anderen Seite haben bereits eine neue Entwicklung eingeleitet. Eine Entwicklung, die den Informationsaustausch auf der Basis kumulierter Einzelerfahrungen ersetzt. Durch multimediale Vernetzung und interaktive elektronische Medien wird die Kommunikationsschiene zwischen Hersteller, Dienstleister und

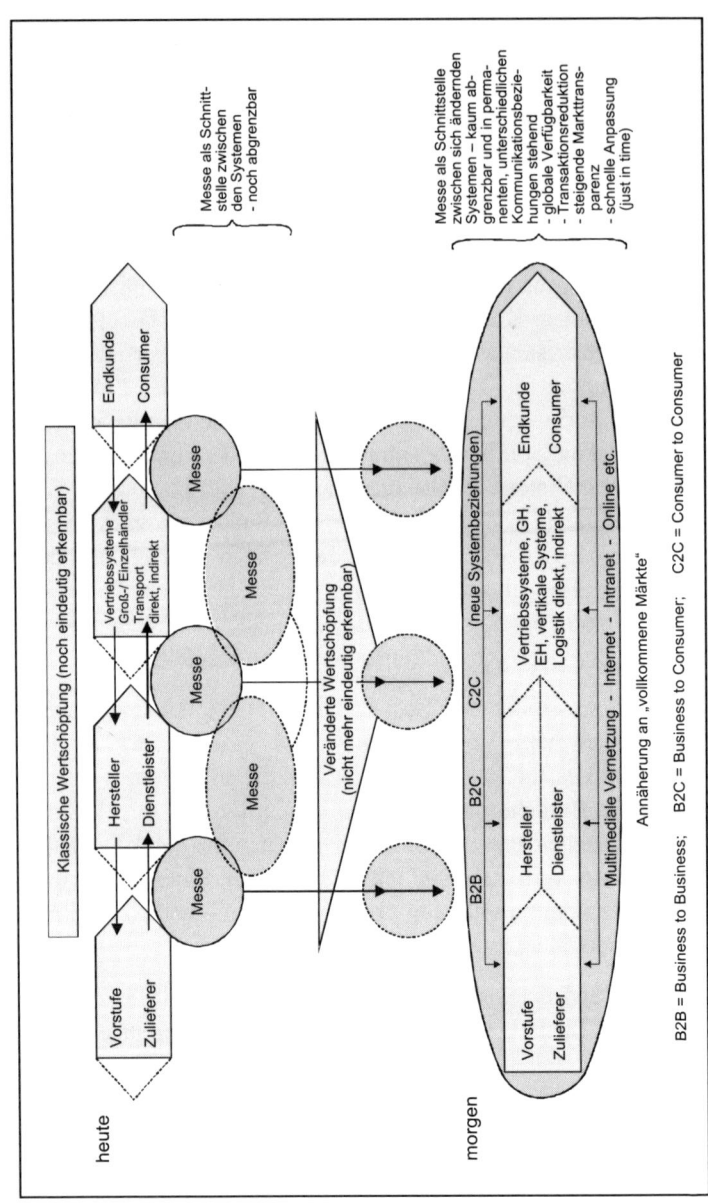

Abbildung 23: Messen und Wertschöpfung (customer value) bei sich verändernden Wirtschaftssystemen

den unterschiedlichen Vertriebssystemen sowie dem Endverbraucher überbrückt. Kosteneinsparungen werden auf jeder Stufe des Absatzkanals durch reduzierte Durchlaufzeiten und Bestände gewährleistet. Dabei sind keine eindeutigen Wertschöpfungsstrukturen im sogenannten Electronic Business mehr zu erkennen.

Die neuen interaktiven elektronischen Medien helfen, die Distributions- und Informationskosten traditioneller Art zu senken. So werden nach OECD-Schätzungen 1998 Einsparungen zum Beispiel auf dem Sektor der Flugtickets auf 87 %, bei Banktransferaktionen auf 89 % und der Rechnungsabwicklung auf 71 % gegenüber der traditionellen Abwicklung geschätzt. Die gesamtwirtschaftlichen Kosten des Güterhandels könnten als Folge des Internethandels um ca. 5 % gesenkt werden. Ein Kostenvorteil, der sich wettbewerblich positiv niederschlägt. Hierbei ist nicht zu übersehen, dass er jedoch in erster Linie durch das Überspringen von Zwischensystemen erzielt wird. Mit anderen Worten, der Hersteller verkauft direkt an den Endkunden, ohne Zwischendistributionsstufe. Ähnliches gilt für Händler, die selbst produzieren (lassen). Die neuen Beziehungen im Rahmen interaktiver elektronischer Medien führen zu neuen Vertriebssystemen, und zwar sowohl im Business-to-Business-Bereich, im Business-to-Consumer-Bereich als auch im Bereich Consumer-to-Consumer (Gebrauchtgüterverkauf). Das Medium Messe bekommt direkt und indirekt Konkurrenz!

Ist diese Konkurrenz schon die berühmte „virtuelle Messe"? Datenbanken, die das Angebot verwalten, können jederzeit und überall angeklickt werden, um Information, Wettbewerbsübersicht, Produktinformation, Preisvergleich, Dienstleistungsunterstützung bis hin zur Auslieferung abzurufen oder direkt zu ordern. Diese Entwicklung wird sich nicht gleichmäßig durch alle Güterbereiche ziehen. Aber nicht jedes Teil muss erfühlt, erspürt, errochen werden. Es entstehen neue Informations- und Kommunikationsräume, die permanent zur Verfügung stehen und zunehmend auch im Sinne des Dialoges, der Interaktion, genutzt werden.

So wurde zum Beispiel von DaimlerChrysler vor der endgültigen Produktentwicklung der M-Klasse via Internet mit den potentiellen Kunden eine sogenannte Produktintegration vorgenommen. Die Kunden konnten ihre Wünsche an das ihnen in Grundelementen optisch vorgestellte Auto noch bis zur endgültigen Vollendung äussern, und immerhin 80 000 Vorschläge via Internet zeigen deutlich, dass eine Multimediavernetzung im Sinne der Kundeneroberung und Kundenbindung ganz neue Möglichkeiten der Marktbearbeitung birgt. Trotzdem wurde die neue M-Klasse aber auch erfolgreich auf einer internationalen Automesse vorgestellt.

Das virtuelle Shopping findet im Buchbereich beim derzeit größten Anbieter Amazon seinen bisher bemerkenswertesten Ausdruck. Hier kann sich jeder, ob Endkunde, Händler oder Industrie, Marktübersicht verschaffen und die von ihm gesuchten Bücher finden. Er kann sie anlesen und sie direkt bestellen. Es werden ihm Bestenlisten, Geschenkideen sowie die neueste Musikhitliste angeboten, die er sich bei Bedarf auf seinen Rechner herunterladen kann. Kommt es nun zum Beispiel mit Amazon oder auch mit dem deutschen Anbieter Bertelsmann zu einer permanenten virtuellen Geschäftsverbindung, werden die sozioökonomischen und soziografischen Kundendaten sowie die Informationen über sein Kaufverhalten vom Anbieter gespeichert und als Marktinformation genutzt. Beim nächsten Kontakt präsentiert er seinem Kunden ein absolut individuelles, seiner Neigung entsprechendes Angebot. Jedenfalls könnte er präsentieren – denn Erfahrungen über Datennutzung und Datenpflege liegen noch nicht so umfassend vor, dass Absichtserklärungen auf ihre Durchführung hin abgeklopft werden könnten. Wichtig ist aber: Es könnte so sein, und es wird so ähnlich werden.

Schnell könnte man geneigt sein zu fragen, brauchen wir dann noch Messen als Schnittstellen zwischen diesen verschiedenen, sich permanent ändernden Angebots- und Nachfragesystemen? Reicht es, wenn zukünftig jeder seinen internetfähigen PC mitnimmt und ihm in angenehm gestalteter Atmosphäre für ein paar Stunden in einer warenleeren Halle gegenüber sitzt, statt sich persönlich kennen zu lernen und zu beschnuppern? Nehmen dafür Aussteller und Besucher noch langwierige Anreise, kostspielige Übernachtungen, Standmieten und Eintrittspreise in Kauf – oder ist es nicht viel lustiger und natürlich effizienter, vom Büro aus per Internet von Angebot zu Angebot bzw. Nachfrage zu Nachfrage zu surfen, und abends zu Hause zu sein und Zeit für die Familie zu haben?

In dieser – zugegeben überspitzten – Darstellung werden zwei Dinge deutlich: Erstens fehlt der virtuellen Messealternative der Sektor der emotionalen Sicherheit, der aus dem Vertrauen zwischen Personen resultiert. Solche Personen trifft man auf Messen. Zweitens aber können Messen, wenn sie bleiben wollen *was* sie sind, nicht so bleiben, *wie* sie sind. Der kleine gedankliche Ausflug verdeutlicht die Erfolgsdeterminanten für Messegesellschaften. Er verdeutlicht ferner: Die Anforderungen an Messegesellschaften, aber auch die der Besucher und Aussteller an die Messen selbst, werden sich in den kommenden Jahren erheblich ändern. Messen müssen ein Teil dieser virtuellen und elektronischen Informations- und Kommunikationssysteme werden und sie als Wettbewerbsfaktor zur Sicherung ihrer Position einsetzen. Aus eigener Kraft wird ihnen das nicht gelingen.

Nicht umsonst werden in den USA große private Messegesellschaften schon heute zu Medienriesen und umgekehrt Medienfirmen Partner von Messegesellschaften. Messen der Zukunft sind als Unternehmen am technischen Fortschrittsprozess beteiligt, denn nur so haben sie eine Zukunft. Sie sind zugleich Plattform für die Präsentation jeder Art von Innovation und damit Teil der Zukunft. Zurzeit aber sind sie noch Teil der Gegenwart mit viel Ballast aus der Vergangenheit.

Die Unternehmensstrategie der Messegesellschaften mit dem Ziel einer größeren oder effizienteren Wertschöpfung wird zukünftig im Mittelpunkt des Messeerfolgskonzepts stehen. Das heißt aber, dass der Messeerfolg der Aussteller und Besucher, aber vor allen Dingen der Messemacher von ihrer Fähigkeit zur effizienten Mediennutzung abhängen wird.

Messeveranstalter

Gerade unter dem Gesichtspunkt der veränderten Medienlandschaft hat die HFU im Frühjahr 1999 bei mehr als 800 Industrieausstellern sowie mehr als 3 000 Messebesuchern und Messeexperten sowie dem Messemanagement eine Expertenbefragung zum Thema Messeerfolgsdeterminanten heute und morgen durchgeführt. Dabei wurde explizit auf die Veränderungen der Medienlandschaft, der Industrie- und Handelsinformationssysteme sowie auf die neuen Herausforderungen für das Marketing durch interaktive elektronische Medien hingewiesen. Innerhalb der HFU-Analyse wurde nach klassischen Determinanten und zukunftsorientierten Determinanten unterschieden sowie strategische Erfolgsdeterminanten herausgearbeitet (Abbildung 24).

Klassische Determinanten

Im Rahmen der *Angebotspolitik* steht zunehmend die Messekonzeption im Brennpunkt der Erfolgsbewertung. Zukünftig wird es angesichts der Veränderungen noch schwieriger, eine transparente Unternehmensstrategie, eine einheitliche Konzeption und damit den Inhalt der Messen so festzulegen, dass sie für die heutigen und zukünftigen Teilnehmer klar erkennbar und abschätzbar sind. Besonderes Augenmerk muss auf die Veränderungen in der Anbieter- und der Nachfragerstruktur bzw. neu aufgenommene Elemente gelegt werden. Ob neues Produkt oder neue Angebotsform – beides gehört auf eine Messe, wenn sie Spiegel der Wirtschaft sein soll. Man erwartet sie seitens der Nachfrager, aber auch seitens der Aussteller. Dabei gilt es, diese Innovationen in ein klar erkennbares und abgestecktes Konzept zu integrieren. Letztlich geht es darum, mittels einer angepassten Struktur eine effiziente, persönliche Kommunikation zu gewährleisten.

Voraussetzung dafür sind eine optimale Organisation und die technische Einbindung der Messe in die jeweilige Branche und ihre Kom-

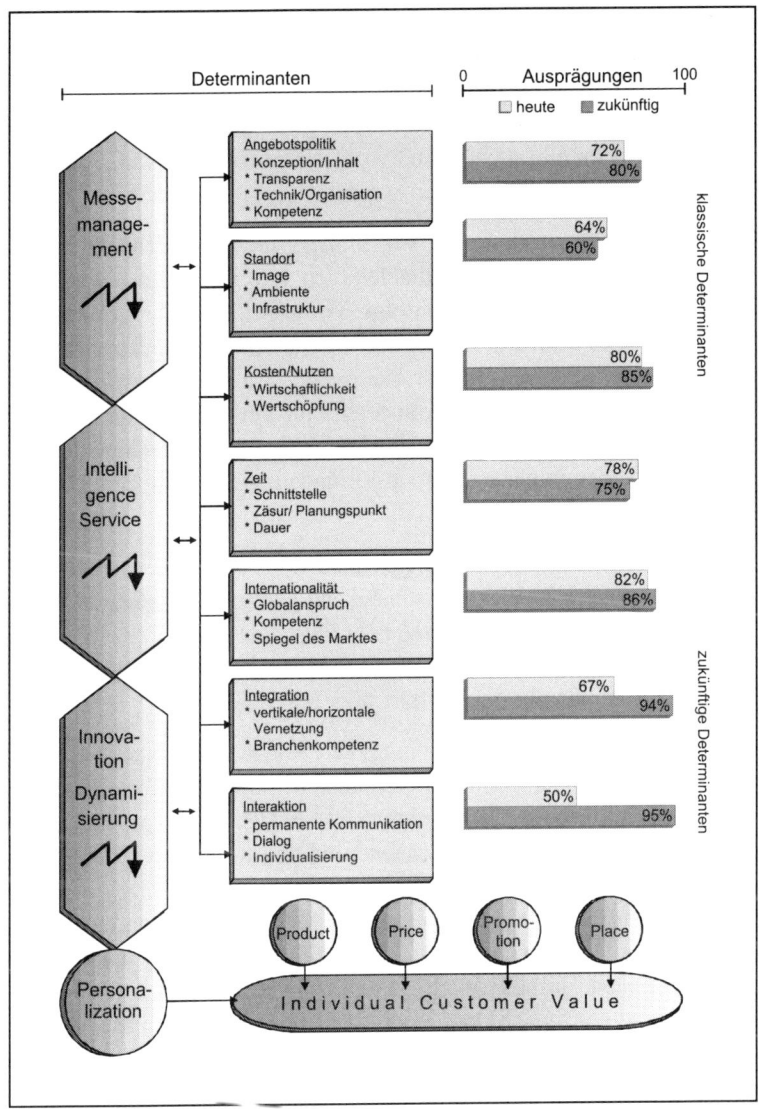

Abbildung 24: Erfolgsdeterminanten für Messeveranstalter heute und morgen

Analyse – Determinanten für den Messeerfolg 141

munikationssysteme. Jedoch gilt auch hierbei, nicht nach dem Motto „nur vom Feinsten" zu handeln oder andererseits „so billig, wie möglich" „Quadratmeterschuppen" zu präsentieren, sondern je nach Objekt dem sogenannten „Aldi-Konzept" genüge zu tun: Man verlangt nur das, was man braucht – und weiß, was man bekommt. Angemessenheit wird ein wichtiges Wort werden.

Das Wichtigste innerhalb der Angebotspolitik ist die Kompetenz von Ausstellern und Besuchern, die letztlich zur Kompetenz der Angebotspolitik der Messe selbst beiträgt. Voraussetzung: Die „Erste Liga" einer Branche, also die Markt- und Meinungsführer müssen sich auf der Messe präsentieren. Ist nur die zweite, dritte oder gar vierte Liga da, kann nicht von Angebotskompetenz im Sinne eines Erfolgsfaktors gesprochen werden. Die Branchenkompetenz einer Fachmesse zeigt sich unter anderem darin, dass sie Veränderungen in der Branchenhierarchie wahrnimmt.

Im Rahmen der Serviceleistungen sind sowohl technische als auch softwarebezogene Leistungen zunehmend gefragt – angefangen bei der Anfahrt, Abfahrt, Übernachtung, dem Parkplatz bis hin zu eindeutigen Leitsystemen. Angebotspolitik ist ein Ausdruck dessen, was eine Messe effizient, nicht unbedingt schön, aber nützlich macht.

Gerade angesichts der Verwischung von Angebot und Nachfrage steht dabei der Charakter der Übersichtlichkeit, nicht des Gleichmachens, zwingend notwendig im Vordergrund. Falsch wäre es auch, dem Marktführer den Court Number One und den weniger mächtigen Mitbewerbern nur noch die Umkleidekabinen zur Verfügung zu stellen. Dies verfälscht die Eigenkompetenz des Messeangebots und wird nicht nur von den Mitbewerbern des Marktführers, sondern auch zunehmend von den Besuchern als Platzhirschverhalten und weniger als Eigenkompetenz von Messe und Aussteller gewertet. Eine ähnliche Problematik birgt das Herausheben einzelner wichtiger Besucher, die teils eingeflogen und mit Sänfte bis zum gewünschten Messestand gebracht werden. Nichts gegen Very Important Persons. Sie gehören zur Angebots- und auch zur Kommunikationspolitik der Messen. Aber auch hier ist Angemessenheit eine wichtige Forderung.

Ähnliches gilt, wie bereits an anderer Stelle gesagt, für „Ausgrenzungsevents", die oftmals mehr schaden als nutzen, auch wenn dies zum Beispiel bei Jubiläen von Firmen und Besuchern nicht zu vermeiden ist. Die Angebotspolitik muss konsequent, transparent und für jeden verständlich sein. Gerade die neuen Techniken und Medien machen Angebot und Nachfrage gläserner in Bezug auf die Etketteninformation, so dass eigentlich mehr Zeit für das persönliche Gespräch zwischen Mensch und Mensch im Vordergrund zu stehen hat.

Der *Standort* gehört als traditionelle Erfolgsdeterminante heute noch zu den wichtigen Faktoren. Das positive Image, das der Messestandort hat, nutzt auch der Messe. Die Reise zu einer Messe ist eben mehr als nur Teil einer Aufgabe. Sie ist im günstigen Fall eine Attraktion innerhalb des Jobs und im ungünstigen Fall eine Zumutung. Ist es doch gerade die persönliche Begegnung, das Sichwohlfühlen, das Ambiente, das eine Messe trotz der Kosten, Mühen und Anstrengungen, die damit verbunden sind, angenehm machen kann. Kein Wunder also, dass die Infrastruktur einer Messe, ihre Verkehrsanbindung und Erreichbarkeit, und zunehmend auch das Umfeld, die Atmosphäre der Stadt, den Messeerfolg beeinflussen. Sicherlich ist der Standort nicht die entscheidende Determinante für die Zukunft, aber er hat als Imageträger Einfluss auf den Messeerfolg. Bei konkurrierenden gleichwertigen Messen kann der Standortvorteil den Ausschlag geben. Messe darf kein Appendix einer Stadt sein, sondern sie muss integriert mit den Menschen erlebt und gelebt werden. Hier müssen Messemanager städtische Entwicklungen kritisch verfolgen und früh warnen, wenn messefeindliche Beschlüsse drohen. Es gilt, noch mehr für Ambiente und Infrastruktur zu tun und diese Leistungen professionell zu kommunizieren. Denn es gibt auf die Frage nach dem optimalen Messestandort nichts Besseres, als dass die Antwort der Messeteilnehmer heißt: „Egal wo – diese Messe lohnt sich, da muss ich hin!"

Selbstverständlich bleibt der Wirtschaftsfaktor, das *Kosten-/Nutzenprinzip*, die Wirtschaftlichkeit bzw. die Wertschöpfung heute und zukünftig eines der wichtigsten Erfolgskriterien für Messen. Nichts ist schlimmer als die Aussage: Die Messe hat sich nicht gelohnt. Ob sich aber eine Messe gelohnt hat, ist immer schwerer zu erfassen. Auch wenn heute noch fast zwei Drittel der Konsumgüterindustrie die eigentliche Order oder Orderanbahnung (Bestätigung nach der Messe) als wichtigstes Bewertungskriterium für den Messeerfolg ansehen, weisen Markt- und Meinungsführer seitens der Industrie und des Handels immer mehr darauf hin, dass die Information oder orderentscheidende Information in den Vordergrund rücken. Um diese Messefunktion und den damit verbundenen Erfolg messbar zu machen, müssen neue Untersuchungsmethoden und neue Kennzahlen hinsichtlich der Informationsintensität entwickelt werden.

Die Wertschöpfung im Bereich der Information würde ohne entsprechende Vernetzung der Messe mit Ausstellern und Besuchern zukünftig deutlich zurückgehen. Weil die persönliche Kommunikation und der Dialog sowie der direkte Umgang mit den Produkten – Fühlen, Spüren, Riechen und Sehen der Produkte – nur auf Messen gewährleistet ist, bedarf es einer gewissen Zeit für die Einstellungsveränderung aller Beteiligten, bis die Information durch elektronische vernetzte Medien zur Selbstverständlichkeit geworden ist.

Für die Messegesellschaften heißt das, dass sie als Schnittstelle ihre eigenen Leistungen inklusive Vernetzungsmöglichkeiten und Mediennutzen deutlicher machen müssen. Sie müssen sich als effiziente Kostenstelle der „Benutzer" verstehen. Der Wert des Begegnungsplatzes Messe hängt davon ab, wie die angemieteten Quadratmeter von Ausstellern und die ergänzenden Messeleistungen sich im Konzept der Nutzer niederschlagen.

Der Faktor *Zeit* als Beschreibung von Zeitpunkt und Dauer einer Messe, in den vergangenen Jahren die Erfolgsdeterminante einer Messe schlechthin, ist nach wie vor wichtig. Doch auch er verliert bedingt durch die Internationalisierung und die neuen Medien an Bedeutung. Aufgrund der unterschiedlichen Informations- und Orderströme im nationalen und internationalen Branchengeschehen sind Messetermine immer häufiger Kompromisse. Ein Termin für alle – das ist Illusion. Die immer stärker individualisierten Abläufe und Zeitkorridore der Unternehmen machen es unumgänglich, sich mit Terminen für Branchenteile abzufinden. Messetermin wird der Termin, zu dem sich eine relative Mehrheit (die die Branchenführer beinhalten sollte) bereit findet, und der Termin, zu dem die Messegesellschaft ein Loch im Veranstaltungskalender hat. So relativ ist der Begriff des Optimums geworden. Dabei muss der richtige Zeitpunkt Jahr für Jahr neu analysiert und überlegt werden.

In seiner Funktion als eine Art Fixpunkt in den unterschiedlichen Informations- und Planungssystemen hat der Messetermin heute noch für über 70 % der Aussteller und Besucher im Konsumgütersektor Bedeutung. Sie richten ihre Planung und Disposition direkt oder indirekt an ihm aus. Auch wenn von den Einzelnen im Planungszeitraum unterschiedliche Prioritäten gesetzt werden, ist die Leitmesse einer Branche nach wie vor ein absoluter Fixpunkt im Planungsprozess, auf den nicht verzichtet werden kann. Diese Bedeutung wandert mit, wenn die Leitmesse auf einen (geringfügig) anderen Termin verlegt wird. Sie wird selbst von den Ausstellern akzeptiert, die es bevorzugen, sich einem Wettbewerbsvergleich zu entziehen, indem sie zwar nicht auf der Messe ausstellen, aber bei Messeterminen „trittbrettfahren".

Ein weiteres wichtiges Kriterium für den Erfolg einer Messe ist ihre Dauer. Bei immer schneller werdenden Informations- und Kommunikationsmöglichkeiten außerhalb, aber auch innerhalb einer Messe müssen die Messelaufzeiten neu überdacht werden. Eine zu kurze Messe lohnt sich genauso wenig wie eine zu lange. Es ist nicht leicht, hier die optimale Zeitspanne zu finden, angefangen bei der Wahl der Wochen- bzw. Wochenendtage bis hin zur Dauer. Hier hilft nur der intensive Dialog mit der Branche – und nicht nur mit den Großen, sondern mit dem repräsentativen Durchschnitt.

Zukunftsorientierte Determinanten

Märkte sind ihrem Wesen nach grenzenlos. Angebote suchen sich ihren Weg wie Wasser. Messen als Marktveranstaltungen par excellence können kein eigenes Interesse an der Einhaltung von Grenzen haben. Gleichwohl ist *Internationalität* für viele Messegesellschaften noch keine Ist-Zustandsbeschreibung. Doch der Wandel ist eingeleitet. Zu den klassischen, aber auch zu den zukunftsorientierten Erfolgsdeterminanten zählt die Internationalität einer Messe. Es gehört zu den eindeutigen Erfolgskriterien, wenn sich internationales Angebot und internationale Nachfrager auf der Messe befinden.

Als weitaus wichtigere Determinante für den zukünftigen Erfolg von Messen wird jedoch das internationale Engagement der Messegesellschaften selbst gewertet. Dabei ist Image- und Kompetenzgewinn die vorrangige Intention. Basis für den Aufbau von Internationalität ist nationale Kompetenz. Eine internationale Messe mit gutem Ruf ist für Ausländer interessant. Einer nachweislich erfolgreichen Messegesellschaft wird aufgrund erwiesener Kompetenz im Inland auch die Etablierung von Erfolg versprechenden Messen im Ausland zugetraut. Dazu ist es notwendig, zum einen permanent die Basis am Heimatstandort zu erhalten und sich andererseits engagiert, individuell auf den jeweiligen Markt abgestimmt auf der ganzen Welt zu präsentieren. Erzielte Imagegewinne im Ausland sind dann nach Hause zu transferieren. Gilt es doch in erster Linie, die Leitmesse zu stärken, indem inländische und ausländische Aussteller und Besucher in Sachen Export unterstützt werden, um sie nicht an ausländische Messeplätze zu verlieren. Die Gefahr ist groß, denn mit zunehmender Bekanntheit im Inland und festen Absatzschienen sinkt der über Inlandsmessen zu erreichende Zugewinn.

Von einer Messegesellschaft, die im Ausland Messen durchführt, wird erwartet, dass das Spitzenmanagement dort Flagge zeigt. Dabei ist nicht so sehr der Höflichkeitsbesuch bei den ausländischen Messeveranstaltern mit anschließendem Urlaub gemeint als vielmehr der persönliche Kontakt mit dem Markt, seiner Struktur, seinen Gesetzmäßigkeiten und vor allen Dingen seinen Personen vor Ort. Auch wenn hier zunehmend die Vertriebsrepräsentanten und das Vertriebssystem der Messeveranstalter im Ausland aktiv werden, wird die Identität der Messegesellschaft durch ihren Chef verkörpert. Solche Reisen sind nicht ins Belieben der Manager zu stellen – sie sind Pflicht. Immerhin wird ein Drittel des Messemanagements als äußerst reisefreudig eingestuft – insbesondere, wenn die Geschäftsreiseziele in wärmeren Gefilden liegen. Was jedoch nicht heißen soll, dass sich deutsche Messemanager zu schade wären, auch jenseits des Urals oder auf Grönland Flagge zu zeigen. Diese Marktkenntnis vor Ort wird von Messemanagern ebenfalls zu den Erfolgsvoraussetzungen einer internationalen Messe gerechnet.

Darüber hinaus werden zunehmend Kooperationsmodelle zwischen europäischen und Messegesellschaften anderer Erdteile genannt, wie zum Beispiel Aktivitäten in China, USA, Südamerika, Südafrika, Indonesien, Malaysia, Singapur. Dieses internationale Engagement ist besonders für Leitmessen wichtig, die einem Globalanspruch gerecht werden müssen. Dabei wird im Übrigen zu oft vergessen, dass Europa einen relativ kleinen Erdteil darstellt, der gerade groß genug ist für eine Leitmesse pro Branche. Für die Etablierung zusätzlicher Messeplätze in Europa gibt es, eine funktionierende Leitmesse vorausgesetzt, nur selten noch gute Gründe. Der Globalanspruch und die Internationalität werden nach HFU-Erhebungen mit 86 % zukünftig als Erfolgsdeterminanten von Leitmessen immer höher bewertet. – Einerseits wegen der Abstrahlung der internationalen Bedeutung und Bekanntheit der Messen auf ihre Aussteller und Besucher – andererseits unter dem Gesichtspunkt, dass Weltmärkte kompetent nur durch Weltmessen darstellbar sind.

Trotz der beschriebenen Erfolgsaspekte der Internationalität ist sie für Messegesellschaften ein zweischneidiges Schwert. Einerseits ist sie ein Muss für die Anerkennung internationaler Kompetenz und um ein Spiegelbild des Marktes zu repräsentieren. Andererseits ist Internationalität einer Messe aus Sicht nur inlandsbezogen denkender Aussteller eine Einladung an den ausländischen Wettbewerb. Oft genug scheint es ihnen, als sei jeder neue ausländische Aussteller wichtiger als „gute alte Inlandsaussteller". Internationale Präsenz der Messegesellschaften als Vorbereitung oder Unterstützung eigener Exportbemühungen wird hingegen gern gesehen, und ausländische Besucher erst recht. Ein Balanceakt.

Als eine der wichtigsten Erfolgsdeterminanten für die Zukunft des Messeveranstalters wird die *Integration* der gesamten Branche in das Denken und Handeln gewertet. Heute, im Jahr 1998/99, wird diese Integration nach HFU-Erhebungen erst von zwei Dritteln der Befragten als wesentlicher Erfolgsbaustein gewertet, in Zukunft jedoch von fast 95 %. Neben der zuvor geschilderten internationalen Vernetzung wird hier die vertikale und teils horizontale Vernetzung angesprochen. Oder anders ausgedrückt: Branchenkompetenz bezieht sich nicht nur auf eine Schnittstelle zwischen den heutigen und den früheren Unternehmen und Systemen der Anbieter und Nachfrager, sondern immer auf einen gesamten Produktions- und Absatzkanal. Um auch zukünftig Kommunikationsmoderatoren und Sprecher ihrer Branche zu sein, müssen Messen und Messeveranstalter mit der Branche leben, sich mit ihr identifizieren, sich als Ohr und Sprachrohr zugleich verstehen.

So wie ein Satellit um die Erde fliegt, sie beobachtet und Bilder zur Erde funkt, gilt es, branchenbezogen die Entwicklungen im Absatzkanal zu erfassen und sie über das Medium Messe in Form eines Kommunikationspools oder einer Datenbank – permanent gepflegt und neu aufbereitet – für alle Beteiligten der Branche nutzbar zu machen. Diese Integrationsfunktion wird sich darüber hinaus auch als Vernetzungsfunktion mit den neuen Einnahmequellen erweisen. Das Denkmodell hat den Bezug zur Praxis schon hergestellt. Der Düsseldorfer Messechef Hartmut Krebs nennt sein entsprechendes Konzept „Quadratmeter & more". Dazu gehört es eben auch, die Informationsquellen an anderen Messeplätzen, ob in Eigenregie oder kooperativ, mit der eigenen Leitmesse am heimischen Standort zu verbinden. Dazu gehört ferner, nationale und regionale messeähnliche Veranstaltungen und permanente Ausstellungsräume vertraglich, vor allen Dingen aber kommunikativ zu integrieren, um hinsichtlich der Determinanten Zeit, Standort und Angebotspolitik immer wieder den Leitcharakter zu dokumentieren und die eigene Autorität in Sachen Information und Kommunikation national und international unter Beweis zu stellen. Ziel muss es sein, sich wie ein Medienkonzern nicht nur mit Mitbewerbern, sondern auch mit Spezialisten aus angrenzenden Bereichen und damit neuen Techniken und Medien zu verbinden.

Als weitere Erfolgsvoraussetzung wird die Integration der sich permanent verändernden Branchenmärkte ineinander und untereinander gesehen. Jede Branche ist gleichzeitig ein Mikro- und ein Makrosystem, das Kontakt zu anderen Systemen hält und innerhalb der eigenen Systeme Veränderungen erlebt. Hier wird es immer wichtiger, diesen Veränderungen gerecht zu werden und sie dafür in die Messe einzubeziehen, aber auch, wo notwendig, bestimmte Teilmärkte mit anderen Gesetzmäßigkeiten aus Effizienzgründen auszugrenzen. Eine immer schwieriger werdende Aufgabe angesichts der ineinander verschmelzenden Systemstufen. Voraussetzung für solche Integrationsleistungen von Messen sind hervorragende Branchenkenntnisse und ein permanenter qualitativer Dialog. Die sichtbare Branchenkompetenz der Messe und ihrer Macher bewirkt einen Vertrauensvorschuss bei jenen, die über Mitmachen und Fernbleiben anderer Branchensegmente entscheiden. Mit dieser Aufgabe ist jeder „Frühstücksdirektor" einer Messe überfordert.

Last, not least die zukünftig wichtigste Erfolgsdeterminante, die *Interaktion*. Sie wird schon heute von 50 % der von der HFU befragten Messekunden als Erfolgsdeterminante gewertet, aber für die Zukunft halten sie 95 % für eine wesentliche Erfolgsvoraussetzung. Strukturell geht es um aktive permanente Kommunikation mit den heutigen und zukünftigen Teilnehmern, inhaltlich um alles, was die Branche berührt und Chancen schafft.

Es gibt eine Menge zu sagen und zu tun. Angebotsveränderungen in Bezug auf den Messeplatz oder das Konkurrenzumfeld sollten mit Hilfe einer virtuellen Kommunikation und Mitsprachemöglichkeiten der teilnehmenden Aussteller gelöst werden. Das gleiche gilt für die Angebotszusammenstellung und die Bedürfnisse des Besuchers. Natürlich kann man dabei nicht jedem Individualwunsch der Aussteller und Besucher gerecht werden, aber für Erfa-Gruppen (Erfahrungsaustausch-Gruppen) können sogenannte Chatrooms gebildet werden: Meinungen und Empfehlungen von Erfa-Gruppen sind gebündelter Branchensachverstand. Diesen digital einzufangen und in die Planung für die nächsten Messen aufzunehmen, sollte jedem Projektteam ein

Anliegen sein. Es erhöht die Qualität der Messevorbereitung. Nützlich ist auch, neuen Kunden die Darstellung ihres potentiellen Standes dreidimensional, in Farbe und Form und im entsprechenden Umfeld der Standnachbarn virtuell zu übermitteln. Dabei darf der Dialog zur Ziel- und Inhaltsabstimmung nie abreißen.

Die Messe muss über Internet weltweit immer erreichbar, einzusehen, zu bewandern sein. Realistische Zukunftsmusik: Die heutigen und zukünftigen Teilnehmer sind in der Lage, permanent mit der Messe „spielend" zu disponieren und zu kommunizieren. Neue Angebote und Plätze können bereitgestellt werden und von den Nachfragern entsprechend deren Vorstellungen in Abstimmung mit der Messe umgesetzt werden. Und sofort sieht das virtuelle System der Messe anders aus.

Die Vernetzung mit Ausstellern und Besuchern ist bzw. wäre aber nur ein Teil. Permanente Vernetzung wäre auch möglich und sinnvoll mit den wichtigsten Transaktionspartnern der Messe, angefangen bei Banken und Kreditinstituten über internationale Einkaufsverbände bis hin zu Marktforschungsinstituten, Lieferanten, Logistikunternehmen, Dienstleistern. Dass Vernetzung hier kurz vor, auf und nach den Messen schon heute vorhanden ist, wird immerhin von einem Drittel der Befragten bestätigt. Eine permanente Vernetzung ist aus heutiger Sicht noch nicht einmal zu 0,5 % international gegeben, jedoch finden fast 80 %, dass dies in den nächsten drei Jahren sehr wichtig wird.

Branchenbezogen existieren schon Speziallösungen, die richtungsweisend sein können. So hat die internationale Schuhmesse GDS in Düsseldorf ein Computerangebot entwickelt, das Aussteller und Besucher direkt miteinander kommunizieren lassen könnte. Hier lassen sich permanente NOS (never out of stock)-Programme vorstellen, die über die Schnittstelle Messe und ihre Datenbank im permanenten Kontakt mit den heutigen und zukünftigen Teilnehmern stehen.

Von Messen wird eine aktive Rolle erwartet. Auch wenn man den Begriff einer „virtuellen Messe" ablehnt, weitet sich hier der Messebegriff mit Blick auf die Zukunft aus. Keine Frage: Binnen kurzem wird es Systeme geben, die in der Hand von Messegesellschaften eine hervorragende Ergänzung zu den tatsächlich stattfindenden Messen der Gegenwart sein können: die sogenannten „Datenbank-Internet-Messen". Diese verlangen die Koordination aktueller und zukünftiger Daten, die Pflege und die thematische Aufbereitung zur eigenen Interpretation oder um Nutzern Interpretationshilfen zu geben. Inhaltlich wird es neben allgemeinen Marktdaten um permanente Angebote von „Ausstellern" bis hin zu neuen Trends gehen. Dieses interaktive Vorgehen mit heutigen und zukünftigen Messeteilnehmern schafft neben den Vorteilen für Kunden einen äußerst intensiven, individuellen Informationspool, der auch den eigenen Marketingaktivitäten der Messe dient und nicht zuletzt im Sinne der Kundenbindung wirkt. Der Dienstleister Messe bietet sich 365 Tage im Jahr an.

Strategische Determinanten

Marktvorsprung wird im Kopf erarbeitet. Die Werkzeuge, die den Beteiligten zur Verfügung stehen, sind überall gleich. Unterschiedlich sind immer nur Einsatz und Effizienz. Kein Wunder also, dass die entscheidenden Erfolgsdeterminanten das Messemanagement, der Intelligence Service und die damit verbundene interne und externe Vernetzung sowie das Thema Innovation und Dynamisierung sind.

Auf der *Managementebene* zeigt sich in schwierigen Zeiten und Märkten, dass es um die optimale Kombination von Sachkenntnis und persönlicher Eignung in der spezifischen Landschaft der jeweiligen Messegesellschaft geht. Messemanagement muss auch gelebt werden: personifiziert und in hoher Identifikation mit der Branche, die ihrerseits lebt und in Bewegung bleibt. Ein Berufsbild, das es momentan nur in wenigen Fällen bei Messen gibt (Expertenschätzung noch nicht einmal 15 %). Es ist für Messegesellschaften erstaunlich und für Außenstehende geradezu befremdlich, dass fast ein Drittel der Befragten das heutige Messemanagement und auch den Nachwuchs nicht für befähigt hält, den Herausforderungen des Marktes zu entsprechen. An der Clearingstelle des Marktes, den Messen, sind es immer noch Personen, die für bestimmte Entwicklungen und Bewertungen stehen. Oder eben nicht stehen.

Doch in den Führungsetagen der Messegesellschaften weiß man inzwischen um die Bedeutung eines sachlich richtigen und signalstarken Managements: Messemanagement heute und zukünftig wird von Messeveranstaltern als wichtigster Faktor für den Messeerfolg gewertet.

Gutes Management heißt: Das Richtige zur rechten Zeit erkennen und vernünftig umsetzen. Voraussetzung hierfür ist ein *Intelligence Service* mit quantitativer und qualitativer Marktforschung sowie interner und externer Vernetzung mit der Branche. Zwar gibt es heute an allen Messeplätzen Markt- und Marketingforschung, punktuell, zielbezogen und vor allen Dingen während der Messen. Die Daten werden aufbereitet, meistens mit positiver Tendenz dargestellt und über Internet präsentiert. Eine echte Datenbank, permanente Datenpflege, eigene Marktforschungen weisen noch nicht einmal 2 % der internationalen Messegesellschaften auf. Wohlgemerkt, wir sprechen hier nicht von AUMA- und FKM-Zahlen, sondern von einer interaktiven Integration des Marktes in den Messedatenpool und zwar national, international sowie segment- und branchenbezogen.

Ohne funktionierenden Intelligence Service bleiben die Erfolgsdeterminanten Integration und Interaktion leere Schlagworte. Marktforschung wird eben noch zu sehr als Stiefkind betrieben bzw. als Werkzeug für den Erfolgsnachweis missbraucht, anstatt sie als Erfolgsvorbereitung und permanente Informationsschnittstelle für eine Branche zu nutzen. Unter Kostengesichtspunkten war es früher richtig, an dieser Stelle zu sparen, denn die Kunden verlangten keine „echte" Marktforschung. Heute noch wird einem als kompetent und branchenorientiert geltenden Messemanagement seine auf Intuition und Erfahrung basierende „Marktanalyse" bei neuen Projekten abgenommen. Doch heute bedienen sich die Messeteilnehmer hinsichtlich ihrer eigenen Messebewertung, aber auch bei der Entscheidung über die zukünftige Messeteilnahme schon zu über 40 % Dritter, oftmals nicht messefreundlicher, mehr in Beratungs- oder Verkaufsabsicht handelnder Institute. Damit sind nicht Institute wie GfK oder Nielsen gemeint, die in exzellenter Art und Seriosität Daten permanent aufbereiten, sondern selbsternannte Experten, die so Macht erhalten und Marktmacht verkünden.

Das alles wäre nicht nötig, wenn die Messegesellschaften über hinreichend fundiertes und sachgerecht gewichtetes Datenmaterial verfügten und ihre Kunden ihnen diese Zahlen glaubten. Doch Messemacher mögen nur positive „objektive Zahlen". Welcher Messemanager sähe schon gerne und welcher könnte es sich erlauben, wenn sein eigenes Intelligence System einen Flop bestätigt bzw. voraussagt. Doch diese Souveränität muss zukünftig sein.

Messen müssen Neues bieten – als Unternehmen und als Plattform für Branchen: *Innovationsfähigkeit und Dynamisierung.* Innovationsfähigkeit als Messeerfolgsdeterminante verlangt, die Dynamisierung der Märkte permanent im Griff zu behalten, aber auch gleichzeitig neue Angebote, nicht nur Messen zu kreieren. Hier bietet das Internet ein Medium für Messen, das, außer zur Selbstdarstellung, aktiv noch nicht einmal zu 5 % genutzt wird. Internet und Intranet werden aber aus der Sicht von 90 % der Experten den Erfolg von Messegesellschaften und Messen ausmachen. Professor Dieter Ahlert, Leiter des Institutes für Handelsforschung der Universität Münster, formuliert die Anforderungen so: den Individual Customer als Medium durch permanente persönliche Ansprache binden. Mit ihm Produkt, Preis, Promotion und Platzierung entsprechend der Zielsetzung und den Marktbedingungen zu diskutieren, abzustimmen – kurzum ihn persönlich zu integrieren. Seine Wünsche quantitativ und qualitativ in den eigenen Intelligence Service zu integrieren, um ihn so mit der eigenen Unternehmensstrategie auch wirklich effizient bei seiner Messeteilnahme zu unterstützen. Das heißt zugleich auch, nicht nur an Messeteilnehmer, Aussteller oder Besucher als Messekunden zu denken, sondern von vornherein an den Endkunden. Der muss dafür nicht auf der Messe präsent sein – er wird durch die legitimen Messeteilnehmer würdig vertreten.

Messen stehen wie nie zuvor unter Wettbewerbsdruck. Nicht nur mit konkurrierenden Veranstaltern, sondern mit jeder neuen Distributionsidee, mit allen kostensparenden Ideen, mit neuen Kommunikationstechniken. Dementsprechend gilt es für sie, Wettbewerbsstrategien zu fahren und strategische Positionierungen entsprechend den Marktveränderungen durchzuführen. Eben Geschäftsprozesse anders als die direkten und indirekten Wettbewerber zu betreiben, kurzum sich als *Individual Partner für Individual Customers* zu verstehen. Für Messen gilt, was für alle Dienstleister gilt: Nur was sie für andere tun, tun sie letztlich für sich.

Zusammenfassend ist zum Thema der Erfolgsdeterminanten für Messeveranstalter festzustellen: Die berühmten drei „I"s nach Professor Meffert – Internationalität, Integration und Interaktion – sind die eigentlichen operativen Erfolgsdeterminanten heute und morgen. Sie lassen sich jedoch nur erfolgreich realisieren, wenn das Messemanagement bei den Messeveranstaltern neu ausgerichtet wird: wenn projekt- und branchenbezogen gearbeitet wird, wenn ein echter Intelligence Service installiert und genutzt wird, wenn Netzwerk, Datenbank, neue Techniken und neue Medien so angelegt sind, dass sie von sich aus den Informations- und Kommunikationsprozess des so wichtigen Kommunikationsträgers und -mittlers Messe dynamisch vorantreiben. Eine Fachmesse muss sich als das persönliche Medium verstehen, das mit seinem Kunden, seiner Branche, national und international, bei jedweder Veränderung zusammenleben möchte. Dabei darf und soll es bei aller Digitalisierung weiterhin emotional, menschlich zugehen. Die Fachmesse und ihre Branche – eine Liebe, die sich auch sachlich bewährt.

Aussteller

Die Messeerfolgsdeterminanten für Aussteller werden im Folgenden (Abbildung 25) in traditionelle, teils passive Determinanten und zukünftige, aktive Determinanten unterschieden. Die Determinanten Auftrag, Kontakt, Benchmarketing und Standort bestimmten den Messeerfolg für die Aussteller in der Vergangenheit maßgeblich und waren zum Teil vom Veranstalter vorgegeben. Die Determinanten Internationalität, Zeit und Wirtschaftsfaktor werden sowohl traditionell als auch in ihrer Bedeutung für die Zukunft beschrieben. Die Determinanten Information/Kommunikation sowie Integration und Interaktion werden zukünftig maßgeblichen Einfluss auf den Messeerfolg haben und sind weitgehend aktiv vom Aussteller zu gestalten. Die strategischen Determinanten Messemanagement, Intelligence Service und Informationsverarbeitung bilden die Basis für die Messeaktivitäten der Aussteller.

Traditionelle Determinanten

Zu den traditionellen Erfolgsdeterminanten für eine Messe aus der Sicht der Aussteller gehört heute der wirtschaftliche Erfolg, den man durch eine Teilnahme an der Messe erreicht hat. Ein Kriterium, das leider in erster Linie durch eine spätere Bewertung gemessen wird. Größtenteils wird der Erfolg der vergangenen Messen in Bezug auf die Order auch zum Entscheidungskriterium für die Teilnahme an zukünftigen Messen. Die sogenannte „Zusatzorder" wird dabei immer wichtiger – mit anderen Worten, der wirtschaftliche Erfolg bei Neukunden auf neuen Märkten. Aber auch die ausgelöste Order bzw. der in Gang gebrachte Auftrag trägt dazu bei, eine Messe als erfolgreich zu bewerten. Den meisten Ausstellern ist klar, dass der Punkt *Aufträge* auf den zukünftigen Messen an Bedeutung verlieren wird. Nicht allen ist klar, ob sie eine solche Messe dann noch brauchen, ob sie dann immer noch einen Wert hat.

Ähnliches gilt für die Determinante *Kontakt*. Heute gilt noch: Je mehr neue Kontakte, desto besser. Später wird es heißen müssen: Je besser (Erfolg versprechender) der Einzelkontakt, desto besser die Messe. Heute wird noch überwiegend nach der Messe die Kundenfrequenz differenziert nach Neukundenkontakt und Kontakt mit bestehenden Kunden errechnet, und erst teilweise wird der qualifizierte Kundenkontakt als Bemessungskriterium herangezogen. Eine qualifizierte Bewertung des Themas Kontakt als Erfolgsdeterminante findet leider

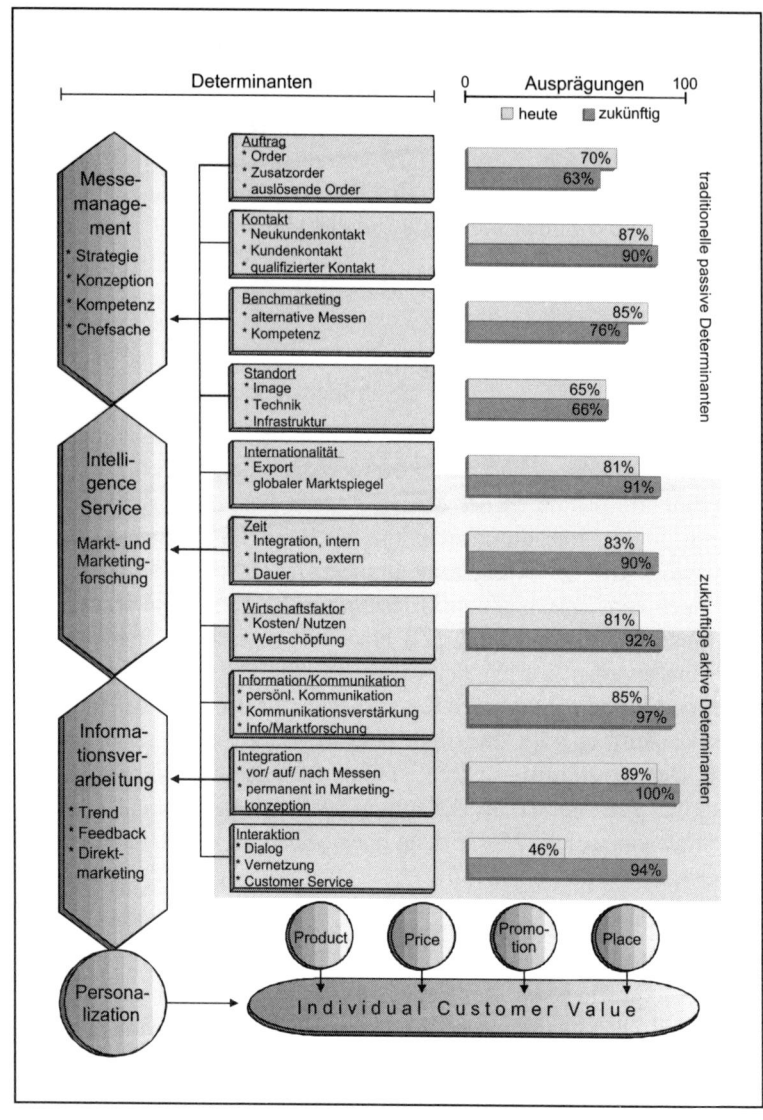

Abbildung 25: Messeerfolgsdeterminanten für Aussteller heute und morgen

auch heute nur bei der Hälfte der Befragten statt. Dass Aussteller an der Frequenzmessung der Messeveranstalter und ihren fast immer als überhöht empfundenen Besucherzahlen zunehmend Kritik üben, hat inzwischen Tradition. Viel wichtiger als allgemeine Zahlen ist der Kontakt auf dem eigenen Stand, aber auch – und dies in zunehmenden Maße – der Kontakt beim Mitbewerber. Die bisher wichtigste Frage lautet: „Wo war mehr los, bei uns oder bei den anderen?" Das Sich-Messen auf und nach der Messe mit dem Mitbewerber ist bis heute bei 85 % der befragten Aussteller eines der wichtigsten Kriterien zur Entscheidung der Frage, ob eine Messe erfolgreich war oder nicht. Gleichzeitig wird es auch als ein Zeichen der Eigenkompetenz gesehen, wenn etwas los war. Für die Zukunft erwarten die Befragten in Sachen Kontakt und *Benchmarketing* zum einen eine Erfassung nach Qualität und Zahl (statt nur nach Zahlen), zum anderen eine weniger übertriebene Ausrichtung auf das, was die Konkurrenz tut. Trotzdem wird es wohl noch lange so bleiben, dass die Anwesenheit des wichtigsten Mitbewerbers der entscheidende Anstoß für eine Messeteilnahme ist. Positiv ist, dass viele erkennen, dass man sich zukünftig bei der Messeteilnahme und Messebewertung mehr auf seine eigenen Ziele konzentrieren sollte.

Im Hinblick auf den *Standort* der Messe als Erfolgsdeterminante wird von den Ausstellern in erster Linie an das branchenbezogene Image des Standortes gedacht. National und international verbindet der Aussteller mit dem Standort ein sogenanntes „Branchenkompetenzimage". Die Überzeugung „hier treffen sich die relevanten Kräfte der Branche, hier findet der multilaterale Branchendialog statt", ist eine wichtige Entscheidungshilfe für Aussteller. Dieses Image wird gefährdet, wenn starke oder einfach nur viele Anbieter eine Messe verlassen und sich zu sogenannten „Stadtausstellern" wandeln. Die Technik und die Organisation einer Messe werden zunehmend als selbstverständlich angesehen – als Produkt der Messe, ohne das sich die Messe selbst ad absurdum führen würde. Ähnlich einem Aussteller, der ohne Produkt und Personal mit leerem Stand erscheinen würde. Kurz gesagt ist der Standort als Erfolgsfaktor weiter vorhanden, wird aber zunehmend als Selbstverständlichkeit angesehen. Er hat es schwer, Pluspunkte zu bewirken, löst aber im Falle von Defiziten sofort eine Negativbewertung aus.

Zu den Erfolgsdeterminanten, die heute und zukünftig für die Aussteller einen hohen Stellenwert haben, gehört die *Internationalität*, die internationale Ausstrahlung des Messeplatzes. Man verlangt einfach, dass eine Messe einen internationalen Anspruch realisiert. Für nationale und regionale Ereignisse gibt es nach Ansicht der Befragten zunehmend andere Alternativen. Gleichzeitig bedeutet Internationalität für Inlandsaussteller jedoch mehr Auslandskonkurrenz, aber auch mehr mögliche Auslandsnachfrage. Die Bewertung der Determinante Internationalität hängt also von der Interessenlage ab.

Zu über 70 % findet 1999 bei den mittelständischen Ausstellern die Exportaktivität primär auf internationalen Messen statt. Nicht selten wird die Internationalität einer Messe mit dem eigenen Globalmarketing gleichgesetzt. Die Exportbemühungen erstrecken sich in erster Linie auf die internationale Neukundengewinnung, aber fast gleichbedeutend auch auf das Vergleichen mit den internationalen Wettbewerbern.

Der Faktor *Zeit* ist für die Aussteller von elementarer Bedeutung. Trotzdem gehen die Bewertungen stark auseinander. Die Informations- und Innovationsprozesse driften, trotz einer vordergründigen Neigung zum Gleichschritt, weltweit in allen Konsumgüterbereichen immer stärker auseinander – aufgrund unterschiedlicher Markt- und Machtstrukturen, aber auch unterschiedlicher Bedarfsentwicklung. Kein Wunder also, dass die Erfolgsdeterminante Zeit zwar immer wichtiger wird, aber national und international immer stärker in der Kritik steht. Wird einerseits vor allem in gesättigten Märkten ein immer früherer Messezeitpunkt zwecks Innovations- und Nachfrageabschöpfung verlangt, ist aber feststellbar, dass angesichts der zunehmenden Bedeutung der Konsumnähe für den Kauf eigentlich ein immer späterer Zeitpunkt richtig wäre.

Aber der Wettbewerbsdruck treibt hier seltsame Blüten. Frühe Messen bieten den Anbietern, die hier schon etwas zeigen können, die Chance zum frühen Ausschöpfen des Marktes. Für manche Repräsentanten der nachfolgenden Stufen sind die Angebote früher Messen nichts anderes als Informationsmaterial für die Eigenmarkenfertigung.

Darüber hinaus birgt der Faktor Zeit Konfliktpotenzial zwischen einheimischen und ausländischen Ausstellern. Nicht selten wird der internationale Messetermin von den heimischen Anbietern als Ausrichtung für eigene gegenüber den Mitbewerbern im Ausland ausgerichtete Abschöpfungsstrategien eingesetzt. So versuchen zum Beispiel deutsche Anbieter im Konsumgütersektor (zum Beispiel bei der internationalen Schuhmesse GDS), den heimischen Markt preisaktiv vor Sichtung der internationalen Konkurrenz zu bedienen. Internationale Messen werden gern genutzt, um sich vom dortigen Angebot inspirieren zu lassen und auf späteren Messen mit ähnlichen Produkten präsent zu sein. Zum Thema Messetermine gehört auch das leidige Thema der Messedauer. Für die Aussteller war sie immer dann gut, wenn bis zur letzten Minute Hektik durch Kundenkontakt und Orderbereitschaft herrschte. Ist das nicht der Fall, liegt es an der Dauer der Messe und sie gerät in die Kritik.

Die Dokumentation eines ausgewogenen Verhältnisses von *Kosten und Nutzen* ist problematisch. Häufig werden die Messebeteiligungskosten einfach zu den Umsätzen in Relation gesetzt und das führt beim Durchschnitt der Aussteller zu ganz schlechten Zahlen. Eine zielorientierte Bewertung unter Berücksichtigung des individuellen Angebots- und Nachfrageprozesses findet noch nicht einmal bei 40 % der Aussteller statt. Die Erfolgsdeterminanten Internationalität, Zeit und Kosten/Nutzen werden in Nachmesse-Wertungen für den Erfolg der nächsten Messe als immer wichtiger werdend eingestuft. Der Tenor der Aussagen: „Wenn das Kosten-/Nutzenverhältnis, die Zeit und Internationalität der Messe nicht mehr stimmen, ist sie immer weniger für uns wert." Eine aktive, gestaltende und damit zielorientierte Bewertung findet erst langsam statt – das heißt konkret: Das Sicheinbringen und das aktive Gestalten von Messeaktivitäten im Sinne einer integrierten Messemarketingstrategie der Aussteller ist überwiegend noch Neuland.

Zukunftsorientierte Determinanten

Die *Internationalität* einer Messe kann in ihrer zukünftigen aktiven Bedeutung um so mehr zum Erfolg der Aussteller beitragen, je klarer und besser deren überdauernde Exportanstrengungen sind. Haben die Aussteller sich intensiv mit den internationalen potentiellen Nachfragern auseinandergesetzt – haben den Markt vor der Messe bearbeitet – und sind gleichzeitig hinsichtlich der eigenen persönlichen Manpower nicht nur sprachlich und mental auf sie vorbereitet, wird die Messe neben den eigentlichen Messeaktivitäten selbst in Sachen Internationalität immer stärker zum Erfolg. Der wiederum zu nutzen ist, und der Messe nutzt, und zu nutzen ist usw.

Dass hierbei die Mitbewerber mitprofitieren ist keine Frage, muss jedoch in Kauf genommen werden. Zumal eine zufällige Präsenz des Mitbewerbers ohne eigene aktive Marketinganstrengung (als Trittbrettfahrer) nur vermeintlich Wirkung zeigt. Vielmehr zeigen die Marktforschungsergebnisse der letzten fünf Jahre, dass hier nicht nur ein Synergieeffekt für die Internationalität der gesamten Messe erzielt wird, sondern zunehmend ein Komplementäreffekt – sprich Verstärkungseffekt – für die eigenen Anstrengungen im Blickfeld des Mitbewerbers. Man könnte auch sagen, die eigenen Anstrengungen werden angesichts der Nichtanstrengung des Mitbewerbers noch einmal aufgewertet. Aber immerhin fast zwei Drittel der befragten Aussteller setzen schon heute den internationalen Erfolg in Verbindung mit den eigenen internationalen Aktivitäten intern und vor allen Dingen extern gleich. Besonders hoch wird hierbei ein integriertes Vorgehen mit den Messegesellschaften eingestuft, wenn sie sich gemeinsam mit den Ausstellern als Wegbereiter der Globalisierung und Pfadfinder zu Wachstumsmärkten verstehen, wie es der Düsseldorfer Messechef Hartmut Krebs ausdrückt.

Um aus der Internationalität eine Messeerfolgsdeterminante zu machen, müssen aus Sicht der Aussteller die eigenen Aktivitäten zunehmend mit denen der Messe verknüpft werden. Sie muss eingebracht werden in mittel- bis langfristige Strategien und nicht, wie heute viel zu oft versucht, als kurzfristige Abschöpfungsmöglichkeit interpretiert werden.

Die Erfolgsdeterminante *Zeit* wird zukünftig nicht mehr aus dem Motto: „Das war immer schon so, danach haben wir uns ausgerichtet" bestehen, sondern im Sinne eines zielorientierten, aktiven Messeeinsatzes der Unternehmen. Der Zeitpunkt der Messe muss integrierter Bestandteil der unternehmerischen Planung sein. Hierbei gilt es, die Zielsetzung im Rahmen der Veränderungen im Markt so weit wie möglich mit den (Zeit-)Zielsetzungen anderer Mitbewerber in Einklang zu bringen – in erster Linie jedoch mit Blick auf den Nachfrager alle organisatorischen Einheiten auf dieses Datum einzustellen. Noch viel zu oft ist zu hören: „In sechs Wochen haben wir Messe, bis dahin müssen wir mit unseren Produkten, Aktivitäten etc. fertig sein." Selten nur ist zu hören: „Wir haben alle geplanten Maßnahmen auf die von uns besetzten Messetermine abgestimmt und verstärken damit die Wirkung." Zwar wird integrative Gesamtsicht von über 90 % der Befragten als eigentliche Messeerfolgsdeterminante für die Zukunft gewertet; mehr als 80 % halten diese Sichtweise jetzt schon für zutreffend, aber eingesetzt wird sie nur von wenigen.

Dieser neuen zielorientierten Einstellung und Bewertung unterliegt zunehmend auch die Betrachtung des *Wirtschaftsfaktors* Messeteilnahme. Kosten-/Nutzenverhältnis und Wertschöpfung einer Messe werden angesichts der zunehmenden Alternativen zur Messeteilnahme, nicht nur in Form ähnlicher Veranstaltungen, sondern auch alternativer Medien, immer kritischer betrachtet. Doch andere Medien können bestimmte Elemente einer Messe ersetzen – aber es fällt ihnen schwer, an den Wert einer gut vorbereiteten und gut durchgeführten Messe heranzureichen. Dass diese Erkenntnis dennoch nicht allzu verbreitet ist, erklärt sich leicht: Die eigentliche Wertschöpfung durch die Messe erkennen nur die Entscheider an der Spitze eines Unternehmens und diejenigen, die sich mit der Messe beschäftigen müssen, wie Vertriebsleitung, PR- und Werbeabteilung und Verkauf. Der Rest der Belegschaft kann den Wert einer Messe häufig kaum ermessen. Auch das ist zu erklären: Noch nicht einmal 15 % der nicht am Messegeschehen direkt beteiligten Mitarbeiter von ausstellenden Unternehmen waren je auf einer Messe.

Die Frage nach dem Kosten-/Nutzenverhältnis hat zur Zeit die höchste Brisanz. Das Einbringen der Messekosten in eine zielorientierte Plankostenrechnung ist auch heute eher die Ausnahme in der Industrie. Beweis: Nur etwa ein Drittel der befragten Aussteller aus dem In- und Ausland war in der Lage, konkrete Ziele des Messebesuchs anzugeben und damit eine inhaltlich zutreffende Kostenzuordnung vorzunehmen. Konkret heißt hierbei zum Beispiel, den Bekanntheitsgrad international um x Prozent zu steigern oder die bestehenden Kunden zu 80 % durch ein persönliches Gespräch über die Produktinnovationen zu informieren. Natürlich wurden nachprüfbare Ziele genannt. Zum Beispiel: „Den Messeumsatz gegenüber dem Vorjahr um 10 % zu steigern." Dabei allerdings entsprachen die Antworten auf die Frage, was man selbst als Aussteller im Vorfeld dazu getan hat, die Ziele zu erreichen, mehr oder weniger allgemeinen Marketingkernsätzen, aber keinem gezielten Messekonzept. Es ist traurig und beinahe unverständlich: Trotz zahlreicher Seminare in Sachen Messeerfolgskontrolle bleibt den Verfassern auch 1999 bei einer Analyse der Messeerfolgsdeterminanten nichts anderes zu sagen, als dass viele, viel zu viele Firmen eine Messebeteiligung als Blackbox betrachten, in die man etwas hineingibt, ohne zu wissen, was dabei herauskommt.

Die *Informations- und Kommunikationstätigkeit* wird von Ausstellern heute und für die Zukunft als Messeerfolgsdeterminante immer höher bewertet. Hierbei spielt in erster Linie die qualitative Information und Kommunikation eine immer größere Rolle. Wichtigstes Element ist das persönliche Gespräch, angefangen in der Chefetage über die Produktmanager bis zu den Vertriebsleitern. Sie reden mit „dem Markt" – also den Entscheidern, den Messebesuchern. Das bedeutet aber auch, dass Messeteilnehmer sowohl im produkt- und sortimentsspezifischen Innovationsprozess als auch in den Werbe- und PR-Konzepten nicht nur billigend in Kauf genommen werden, sondern auf diese ausgerichtet sein müssen.

Die Marketingaktivitäten müssen sich auf die Messe und den Termin fokussieren. Das heißt auch, dass alle für die Messe Verantwortlichen optimal präpariert sind für die Premiere, und nicht, wie oftmals festzustellen, nationale und internationale Vertriebsrepräsentanten erst kurz vor Beginn der Messe zum ersten Mal Produkt und Dienstleistung der Aussteller sehen, die Kunden aber teilweise bereits durch persönlichen Besuch der Firmenleitung oder durch neue Techniken und Medien optimal auf das zu präsentierende Produkt vorbereitet sind. Unter solchen Vorzeichen wird das persönliche Gespräch auf der Messe nur wie das „Hornberger Schießen" ausgehen.

Die internationale Kommunikation und Information an einem Ort, im Brennpunkt der Mitbewerber, im Zentrum der Branche, bedarf der optimalen Vorbereitung, damit alles so wird, wie man es sich gewünscht hat. Angefangen bei zufriedenen Kunden und Neukunden bis hin zu zufriedenen Mitarbeitern. In dieser Betrachtungsweise hat sogar die Messehektik etwas Gutes: Sie macht das Unvorhergesehene zum Normalfall und erhöht die Bereitschaft zum flexiblen Reagieren. In der Schnelllebigkeit unserer Zeit passiert auch bei noch so kurzer Messedauer immer wieder Unvorhersehbares – befinden wir uns doch mehr denn je in einem permanenten Anpassungsprozess. Um so wichtiger ist es, die eigene Mannschaft zu präparieren, zu integrieren und sie auf alle Eventualitäten einzustimmen – kurzum, die Messepräsenz selbst zum Ereignis zu machen.

Messe und Presse – ein eingespieltes Doppel. Keine Wirtschaftsveranstaltung bringt mehr kompetente Journalisten an einen Ort als eine funktionierende Messe. Die Frage ist, wie dieses Potenzial zur Kommunikationsverstärkung genutzt wird. Was haben Aussteller von diesem Journalistenauftrieb? Zunächst einmal muss der Beschluss vorliegen, Botschaften auch via Presse verbreiten zu wollen. Inhalte müssen definiert und aufbereitet werden. Dann gilt es auch hier, in intensiver Zusammenarbeit mit der Messe im Sinne von Zeitabstimmung u. a. zur Vermeidung von Überschneidungen weit im Vorfeld zu operieren. Die konzeptionelle Kommunikation vor, auf und nach den Messen mit dem Ziel, der Gesamtveranstaltung und den Einzelausstellern integrierte

Konzepte zu ermöglichen, muss als das Erfolgskonzept hinsichtlich des Mediums Messe für die Zukunft schlechthin gesehen werden. Pressearbeit wird oftmals als Seele des Messeerfolgs verstanden.

Im Rahmen der Informations- und Kommunikationspolitik von Ausstellern muss die Messe auch als Schnittstelle innerhalb der sich verändernden Marktbedingungen gesehen werden. Hier werden Angebot und Nachfrage tatsächlich auf den Punkt gebracht. Es findet ein Produkt- und Markttest im realistischen Umfeld der Mitbewerber statt. Die hierfür unerlässliche Markt- und Marketingforschung wird noch zu wenig ernst genommen. Gemeint ist, das eigene Angebot auf die Nachfrager im Umfeld der Mitbewerber wirken zu lassen und daraus Schlüsse zu ziehen – Angebote anzupassen, neu zu entwickeln und Innovationen tragfähig werden zu lassen. Allzu selten jedoch wird nach Messeerfolgen oder nach Messemisserfolgen Ursachenforschung betrieben. Die rein quantitative Marktanalyse, wir haben es oft gesagt, ist natürlich wichtig. Aber sie ist nicht alles.

Messen sind Einschnitte, die im Nachhinein hinsichtlich ihrer Ergebnisse durch aktive Marktforschung zu analysieren sind. Gerade hier erlauben die neuen Techniken und Medien vor, auf und nach der Messe eine intensive Kommunikation – bei der die Messe selbst als „personifizierter Dialog", als auf den individuellen Kunden ausgerichteter Produkttest zu verstehen ist und nicht nur als reine Präsentation. Dieser Denkansatz macht den Unterschied deutlich zwischen dem Erfolgsfaktor qualitative Marktforschung auf der Messe und dem quantitativen „Erbsenzählen". Die Frage nach dem Warum kann selten klarer als in einer qualitativen Messeauswertung und auch selten kostengünstiger als in dieser Situation beantwortet werden.

Integration wird zukünftig seitens der befragten nationalen und internationalen Aussteller als die wichtigste Erfolgsdeterminante zielorientierter aktiver Art für die Zukunft gewertet. Diese Integration bezieht sich auf die Messevorbereitung, die Durchführung und die Nachbereitung – nicht isoliert ohne die Messeveranstalter, sondern permanent integriert. Das heißt aber auch, dass die Messen, also der eigene Messeauftritt, in der Unternehmensstrategie und dem Marketingkonzept der Aussteller einen festen Platz haben, das auf sie hin- und nachgearbeitet wird – wie bei einer Theater-Premiere. Bei der darf es auch Pannen geben, aber die Aufführung darf nicht geschmissen werden. Perfektion ist sicherlich gewünscht, aber gleichzeitig muss angesichts der so wichtigen persönlichen Kommunikation auch immer die Möglichkeit der Improvisation gegeben sein. – Was vielleicht den Erfolgsfaktor „Menschliches" auf Messen ausmacht.

Es muss die Möglichkeit der *Interaktion* gewährleistet sein – der Dialog zwischen Anbieter und Nachfrager und der damit verbundene Customer-Service und die zu erreichende Kundenbindung. Dabei spielt die Vernetzung von Anbieter und Nachfrager eine immer größere Rolle. Eine Vernetzung, die den Anbieter, sein Haus und seine Vorstufe durch seine Kenntnisse über den Markt und den Kunden in eine ganz neue und sehr effiziente Marktposition versetzt. Gleiches gilt für den Nachfrager, zum Beispiel den Händler, der als Anwalt des Konsumenten heute mehr über das angebotene Produkt, die Mitbewerber und die Vorstufe weiß. Es bleibt damit auf Messen mehr Zeit für ein effizientes Gespräch und den so oft angesprochenen Erfolgsfaktor persönliche Kommunikation.

Zu sehr wird die Kommunikation, insbesondere mit neuen Techniken und Medien, heute noch als Einbahnstraße gesehen. Information ist Entscheidungsvorbereitung – nicht Entscheidungsersatz. Multimediawand, Videos, dreidimensionale Präsentation, die neuesten Merchandisingelemente, aufgerüstet im Sinne von „Ware plus Dienstleistung" – dabei oftmals mehr Dienstleistung als Produkt – steuern auch aus Sicht der Aussteller noch nicht einmal 50 % zum Messeerfolg bei. Vielmehr geht es darum, interaktiv auf der Messe, während des persönlichen Gesprächs operieren zu können, die Wünsche des Kunden sofort zu be- und zu verarbeiten, um eine effiziente Entscheidung und damit Problemlösung beim Kunden zu erreichen. Der Kunde will wissen, ob man seinem Lieferwunsch hinsichtlich Umfang und Timing auch wirklich entsprechen kann. Welche Mitbewerber am Ort welche Ware haben, damit er sich mit seiner Bestellung von diesen absetzen kann. – Die Antwort wird möglich durch Vernetzung mit der Beschaffungs- und Produktionsseite bis hin zum Lager.

Die andere, genauso wichtige Seite: Schon die permanente Vernetzung des Zahlungs- und Kreditverkehrs zur Information über die Liquidität, integriert in die Gesprächsführung, bringt ganz andere Qualitäten, um nicht zu sagen Messeerfolgsdeterminanten hervor. Aber auch beim Thema kooperative Serviceleistungen können Vernetzungen, Internet-Kooperationen bis hin zu traditionellen Prospekten und anderen Kooperationswerbungen optimal abgestimmt werden. – Zumindest aber kann äußerst individuell auf die Wünsche des Kunden eingegangen werden und seine jetzt erkannten Wünsche können in spätere Planungen überführt werden.

Ohne Interaktionsfähigkeit der Standcrew verkommt ein Messestand zum Schaufenster. Schaufenster sind wichtig fürs Geschäft, aber sie machen kein Geschäft perfekt. Zum Gezeigten muss das Gesagte, das Erklärte, das Versprochene treten. Der persönliche Kommunikationserfolg und der individuelle Customer-Service bringen bei fast identischem Angebot den Zuschlag.

Strategische Determinanten

Strategien sind etwas Gutes, wenn es gute (also passende) Strategien sind. Die Kompetenz für die heutigen und zukünftigen Aussteller liegt beim *„Messemanagement"* – dem Management im eigenen Hause. Dabei dürfen Messen nicht nur aufgrund des immer stärker werdenden Kostenfaktors zur Chefsache werden, sondern sind integrierter Bestandteil der Unternehmensstrategie, der Unternehmenskonzeption, der Marketingkonzeption und damit der Markt- und Marketingkompetenz schlechthin. Die strategische Erfolgsdeterminante für Messen ist dann gegeben, wenn Messebeteiligungen als integrierte Veranstaltung aus Produkt-, Kommunikations-, Distributions- und Preispolitik verstanden und durchgeführt werden. Das verlangt so viele Abteilungsentscheidungen, dass die Messe vorüber wäre, wenn alle „abgenickt" haben. Deshalb ist es nicht nur praktisch, solche Entscheidungen von oben vorzugeben – es ist auch der einzige Weg, der mit Sicherheit das erwünschte Ergebnis bringt, wenn die Umsetzung stimmt.

Das setzt jedoch voraus, dass Messen und ihre Durchführung nicht nur der Werbeabteilung überlassen oder an Werbe- und Messeagenturen outgesourct werden, sondern als das wichtigste, weil persönliche, Kommunikationsinstrument innerhalb des Marktwettbewerbs gesehen werden. Ähnlich, wie sich der Olympiateilnehmer leistungsbezogen zeit- und punktgenau auf den Start und seine Distanz vorbereitet und in einem wohlorganisierten Stadion (der Messe) heute kaum noch als Einzelkämpfer agiert, sondern in einem Team, bestehend aus Trainer, Mannschaftsarzt, Physiotherapeuten, Ausrüster, Filmproduzenten und persönlichem Berater, um sich den auf der Tribüne sitzenden Mediengiganten mit seiner Leistung als Werbeträger zu empfehlen, müssen auch die Aussteller und damit ihr Management ganzheitlich hinter dem Messeauftritt stehen.

Dabei genügt es nicht, wenn der „Vorstand" kurz vor der Pressekonferenz und späterem Defilee kurz bei seinen Mitarbeitern erscheint. Er muss wirklich dabei sein und auch echte Aufgaben wahrnehmen. Es ist nun einmal so, dass die erfolgreichsten Messeauftritte von Unternehmen mit der frühen Präsenz des Chefs bzw. des Managements (eventuell schon vor einer Messe bis zum letzten Kunden und oftmals noch nach Messeschluss) an jedem Messetag verbunden sind. Es genügt nicht, sich via Satellit (zum Beispiel wegen wichtiger Geschäfte auf Mauritius) hinzuschalten oder über Video als lächelnder „Big Brother" einscannen zu lassen – nein, im Bereich des Messemanagements als Erfolgsdeterminante ist das Topmanagement, sind die Entscheider, gefragt. Messezeit ist permanente Showzeit, und die Hauptdarsteller müssen auf der Bühne sein – sonst werden sie kaum als Hauptdarsteller erkannt und können nicht dementsprechend wirken.

Als zweite strategische Erfolgskomponente gilt der *Intelligence Service* – kurz gesagt der Inhalt dessen, was sich während der Messedauer auf der Messe, auf dem Stand, auf den Nebenständen, im gesamten Branchenumfeld abspielt. Man könnte auch sagen, die Messe als Marketing- und Marktforschungsinstrument zu nutzen, wobei der eigene Stand das Basislager ist. Gemeint ist in erster Linie Marktforschung in gestaltender Form – der Dialog. Der Markt wird mit der Wahrnehmung zugleich gestaltet.

Die Bedeutung der Messeerfolgsdeterminante Dabeisein fällt immer dann auf, wenn man mit Marktteilnehmern spricht, die es vorgezogenen haben, nicht auf die Messe zu gehen, die entweder „trittbrettfahrend" außerhalb des Messegeländes ausstellen oder in keiner Form daran partizipieren. Deren erste Frage ist: „Was ist los auf der Messe? Wie ist die Stimmung?" Spätestens beim dritten Satz suchen sie Hinweise dafür, dass die Messe nicht so gut läuft und dass es folglich richtig war, nicht auf der Messe direkt auszustellen. Beliebt ist auch die folgende kleine Nummer: Der Nichtmesseteilnehmer besucht die Messe, führt ein paar Gespräche (in der Hoffnung, hierdurch Unruhe zu stiften) und sucht auch hier Bestätigung, es selber richtig gemacht zu haben. Aber es ist für Nichtmesseteilnehmer schwierig, den sich entwickelnden Prozess und die Dynamik der Meinungsbildung nachzuvollziehen – eben weil sie außerhalb des Messegeschehens stehen.

Mit Sicherheit ist es auch kein Zeichen von Marktmacht, der Messe fern zu bleiben, sie öffentlich in Frage zu stellen, um dann gegebenenfalls nach ein paar Saisons mehr oder weniger reumütig zurückzukehren oder eine Argumentationskette aufzubauen, die aus dem späten Messeeintritt eine strategische Glanznummer macht. In den Beifall mischt sich immer auch Gelächter. Denn internationalen Analysen über die Messeaussteller in den vergangenen Jahren haben deutlich gemacht, dass noch nicht einmal bei 10 % der „Nichtmehrmesseteilnehmer" eine Steigerung von Umsatz und Gewinn zu verzeichnen war. In 90 % der Fälle war es vielmehr umgekehrt der Fall. Auch hier bestätigen Ausnahmen die Regel. Die größte Chance, sich als positive Ausnahme zu erleben, haben die Unternehmen, die nach strammem Konzept konsequent ohne Messe arbeiten. „Messe-Wechsel-Wähler" haben es auf Messen so schwer wie ohne Messen.

Kommen wir zur dritten wichtigen strategischen Messeerfolgsdeterminante – der *Informationsverarbeitung*, dem Feedback, der Trendbestätigung, dem daraus abgeleiteten Direktmessemarketing und Nach-messemarketing. „Wenn einer eine Reise macht, dann kann er was erzählen" heißt es im Volksmund – und ähnlich ist es mit einer Messe, besser gesagt, dem Messebesuch. Die hier gewonnenen Eindrücke, Entscheidungen, Entscheidungsanpassungen, neue Ideen etc. müssen verarbeitet und in Taten umgewandelt werden.

Gerade der direkte Kontakt, der persönliche Dialog auf der Messe muss nun nach der Messe im Sinne einer *Personalisation* aufbereitet werden. In Bezug auf das Produkt, den Preis, die Promotion gilt es, Nachfrager und Vorstufe individuell zu informieren. Sie wieder in die Unternehmensaktivitäten zu integrieren und damit zu binden. Aus heutiger Sicht schätzen die Experten, dass fast 70 % der gebündelten Messemeinungsbildung nach der Messe verpufft.

Das sogenannte „Nachkarten" nach Messen im Sinne eines individu-ellen Marketings aufgrund der gewonnenen Erkenntnisse verspricht zukünftig den größten Erfolg, bezogen auf die Gewichtung der Messe-erfolgsdeterminanten. Gerade nach der Messe lassen sich in Sachen Produkt, Preis, Promotion und Place maßgeschneiderte Lösungen für den Kunden finden. Voraussetzung hierfür ist jedoch, dass alle Abtei-lungen, auch die, die nicht auf den Messen waren, aber am Pro-duktplanungs- und Umsetzungsprozess beteiligt sind, informiert wer-den. Findet diese Information und damit Integration ins Messegeschehen statt, sprechen Experten zu über 90 % vom Erfolgs-faktor Messe im Sinne eines integrierten Messemarketings. Leider muss man auch hier feststellen, dass die Information oftmals auf den oberen Etagen oder bei den Messeverantwortlichen hängen bleibt, sei es aus Stressgründen oder, wie oftmals vermutet wird, unter dem Ge-sichtspunkt des qualitativen Informationsvorsprungs. Es genügt nicht, dass Messen und Aussteller durch die Presse allgemein berichten (las-sen), wie es war. Es ist viel wichtiger und effizienter, ganz persönlich Bericht zu erstatten, und zwar sowohl bei den Messekunden als auch bei den Kunden, die nicht zur Messe kamen.

Jedes Unternehmen wird eine eigene Gewichtung seiner Messeer-folgsdeterminanten vornehmen. Eines ist jedoch schon heute zu erkennen: Ohne zielorientierte, integrierte Unternehmens- und damit Marketingkonzeption wird eine objektive Bewertung des Kosten-/Nutzenfaktors und damit der so wichtigen Wertschöpfung nicht möglich sein.

Besucher

Auch für die Messebesucher kann man die Erfolgsdeterminanten in Bezug auf Messen heute und morgen in traditionelle Messeerfolgsdeterminanten – größtenteils erfahrungsbezogen (ex post) – sowie zukünftige, aktive Erfolgsdeterminanten und strategische Erfolgsdeterminanten unterteilen (Abbildung 26).

Traditionelle Determinanten

Die wichtigste Messeerfolgsdeterminante ist selbstverständlich aus heutiger Sicht die *Kosten-/Nutzeneffizienz*. Sie wird seitens der Besucher national und international als das wesentliche, klassische Auswahlkriterium für einen Messebesuch eingeschätzt. Um dies zu verdeutlichen, sei ein statistischer Vergleich von 1999 zu 1989 erlaubt: Die Besucher geben an, dass ihre Messekosten in diesen zehn Jahren um 130 % gestiegen sind, obwohl sich die Anzahl der Messebesucher pro Unternehmen aus Kostengründen erheblich reduziert hat. Diese Tatsache findet ihren negativen Niederschlag in der Verweildauer auf Messen. Sie hat in den letzten zehn Jahren um fast 30 % abgenommen.

Der nationale wie auch der internationale Besucher versteht sich in erster Linie als Gast der Messe. Mit anderen Worten, die Gastgeber, Aussteller und Messeveranstalter, haben – und dies gilt insbesondere für die Industriemessen – dafür Sorge zu tragen, dass nicht zu viel zusätzliche Kosten auf die Besucher zukommen. Die Forderung erhält besonderes Gewicht, wenn davon auszugehen ist, dass mittlere und kleinere Nachfrager rund 80 % der Messebesucher stellen. Im Vergleich zwischen deutschen Messen und ausländischen Messen wird stärker denn je darauf hingewiesen, dass die Eintrittskosten im Ausland deutlich geringer – teilweise Null – sind.

Bei den Messekosten ist zwischen sogenannten Kern- und Zusatzkosten zu unterscheiden. Zu den Messekernkosten gehören die Eintritts- und Verpflegungskosten. Kritik entzündet sich zudem an den Messezusatzkosten, die sich nach Aussagen der befragten Besucher in den vergangenen zehn Jahren um fast 100 % erhöht haben. Hierzu zählen in erster Linie die Übernachtungs- und Reisekosten. Es besteht übereinstimmend der Wunsch nach einer wesentlich kostengünstigeren Gestaltung des Messebesuchs. Somit werden Pauschalangebote, die Messeeintritt, Übernachtung und Anfahrt beinhalten gerade vom internationalen Publikum immer stärker als Messeerfolgsdeterminante gewertet, vor allem, wenn sie noch günstige Veranstaltungen außerhalb der Messe, wie zum Beispiel Schulungen, enthalten.

Zur Erhöhung des Messenutzens für die Besucher sind eine klare Angebotsgliederung, kompetente Anbieter und die Präsentation von Lifestyle-Angeboten gefragt. Darüber hinaus gewährleisten ein modernes Ausstellungsgelände, das auch imagemäßig ins Gewicht fällt, sowie die internationale Angebotsübersicht an einem Platz – dem Messeplatz – ein akzeptables Kosten-/Nutzenverhältnis von Messen. Die Abwanderung von Ausstellern in die Stadt und ins Umfeld der Messen, wie es leider zunehmend im nationalen und internationalen Geschäft üblich ist, verursacht für den Besucher nicht nur zusätzliche Kosten, sondern kostet auch Zeit.

Bezüglich der *Besucherqualität* wird in erster Linie auf die Besucherstruktur und die Segmentierung als Erfolgsdeterminanten Wert gelegt. Die Besucherqualität ist heute und zukünftig wichtiger als die Quantität – der Fachmessencharakter wird dabei als Erfolgsfaktor immer stärker herausgestellt. Kurzform: Klasse statt Masse. Man hat nichts gegen neue Besuchergruppen, die durch die veränderte Marktsituation hinzukommen – aber es dürfen nicht die eigenen Abnehmer sein. Gerade der Fachmessencharakter, bei dem sich die Messebesucher als Anwälte ihrer Endverbraucherkunden verstehen, ist angesichts der neuen Techniken und Medien und damit der drohenden oder faktischen

Integration des Verbrauchers in das Messegeschehen als immer wichtigerer Faktor zu beachten, um die Wertschöpfung durch den Besucher nicht in Frage zu stellen.

Der Handel hat in seiner Funktion als Messebesucher grundsätzlich nichts gegen eine mehr medienbezogene Integration des Verbrauchers – nur möchte er den Lieferanten gegenüber nach wie vor als kompetentes Sprachrohr der Konsumenten gelten. Die Taktik vieler Hersteller, sich immer unverblümter an den Verbraucher zu wenden, wird als Belastung des Verhältnisses zwischen Hersteller und Handel empfunden, die sich negativ auf die Geschäftsbeziehung auswirken kann.

Bei der *Segmentierung* ist es äußerst wichtig, dass Messekonzept und -inhalt – nicht nur der Messe, sondern insbesondere auch der Aussteller – klar umrissene und wiedererkennbare Angebote beinhalten, die von den Besuchern bei der Wahl der zu besuchenden Messe verstanden werden. Es geht um die Transparenz des erwartbaren Angebots.

Die *Angebotskompetenz* im Sinne eines internationalen Spiegelbilds des Marktes ist nach wie vor eine der wesentlichsten Erfolgsdeterminanten – und das mit zunehmender Tendenz. Hierbei ist es für den Besucher äußerst wichtig, dass zum einen eine internationale Marktübersicht gegeben wird und zum anderen die Meinungsführerschaft der Messe durch die Präsenz wichtiger Aussteller dokumentiert wird. Beides zusammen beweist Branchenkompetenz der Veranstaltung. Die klare Beantwortung der Frage „Was wird auf der Messe von wem zu welchem Zweck angeboten?" ist als Erfolgsdeterminante schlechthin zu bewerten.

Der *Auftrag*, die erteilte Order, wird von den Besuchern heute nur noch zu einem Drittel als Erfolgskriterium bewertet. Tendenz: fallend. Wichtiger hingegen ist die Information, die später zur Order führt, die Marktübersicht, kurzum der Entscheidungs- und Meinungsbildungsprozess auf der Messe durch entsprechende Präsentationen unter den Gesichtspunkten Zeit, Kosten und damit Effizienz.

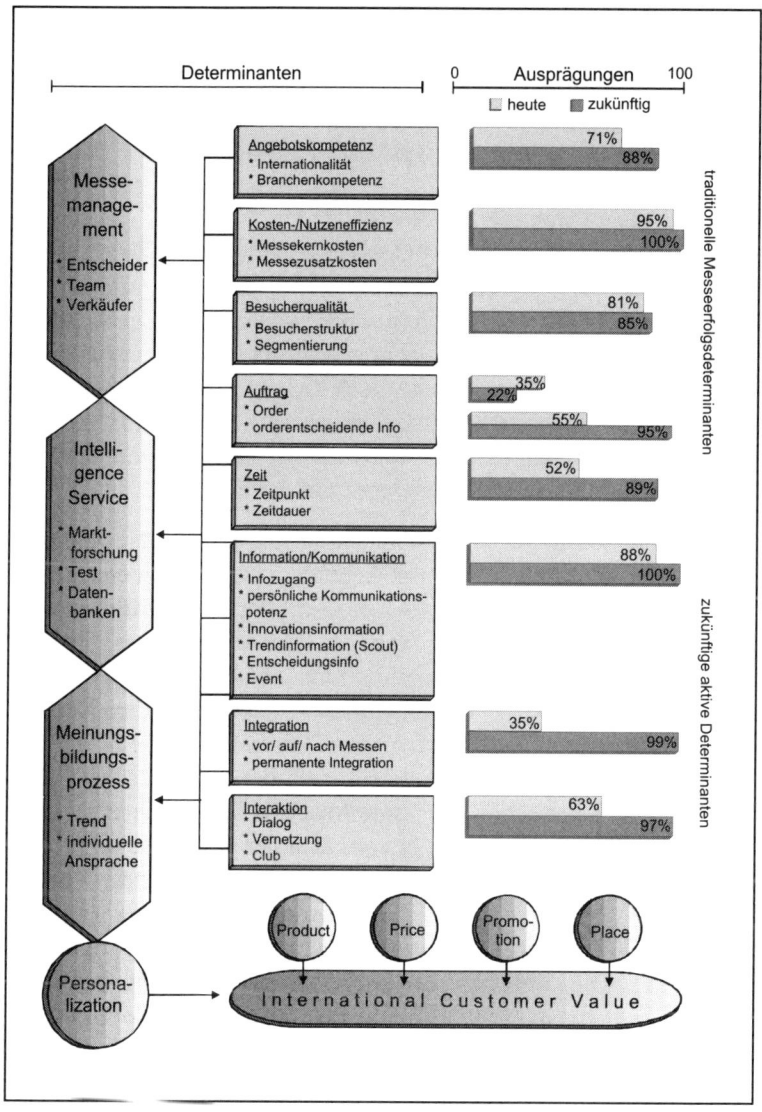

Abbildung 26: Messeerfolgsdeterminanten für Besucher heute und morgen

Die *Zeit*, als Überbegriff für Zeitpunkt und Dauer einer Messe, stellt heute und zukünftig eine stabile klassische Messeerfolgsdeterminante für die Besucher dar. Nichts ist für den Besucher schlimmer, als eine Messe, die für seine Einkaufs- und Dispositionsentscheidungen bzw. Informationsentscheidungen zu spät oder zu früh stattfindet. Dabei ist sich der Besucher bewusst, dass, je nach Machtfaktor, ein Teil der Besucher schon vorab von den Ausstellern informiert wird. Solange er hierbei kein nutzenminderndes Informationsdefizit zu befürchten hat, sondern er dies als Teil des Meinungsbildungsprozesses versteht und ihm nicht ein Angebot, das andere schon im Vorfeld gesehen haben, auf der Messe als Premierenangebot gezeigt wird, hat er nichts dagegen. Es muss aus seiner Sicht dennoch sichergestellt sein, dass eine umfassende Marktübersicht auf fast gleichem Level für alle gewährleistet ist. Ist dies der Fall, ist der Zeitpunkt nach wie vor eine der wichtigsten Erfolgsdeterminanten heute und zukünftig.

Die Zeitdauer steht in enger Korrelation zur Kosten-/Nutzenfrage. Man möchte effizient arbeiten und nicht allzu lange durch einen Messebesuch gebunden sein. Andererseits sind über zwei Drittel der befragten Besucher der Ansicht, dass die Messe als reines Informationsinstrument mit kurzer Marktübersicht immer weniger Sinn hat, sondern genügend Zeit vorhanden sein muss, um sich mit dem Angebot und der Marktsituation zu beschäftigen. Andernfalls betreibt der Besucher von vornherein selbst Selektion und besucht nur solche Aussteller, die für ihn neu sind oder neue Angebote haben, die er sonst im Binnenmarkt nicht sieht. Somit erweist sich der Erfolgsfaktor Zeit als zweischneidig. Einerseits möchte der Besucher unter Kosten-/Nutzengesichtspunkten nicht zu viel Zeit verschwenden, andererseits braucht er den Meinungsbildungsprozess auf Messen, um zu erfolgbringenden Entscheidungen zu kommen. Angesichts der zunehmenden Informations- und Kommunikationsflut dürfte die Zeitdauer der Messen eher rückläufig sein. Alles, was nicht dringend live gesehen werden muss, kann sich der Messebesucher vorher und nachher besorgen. Um in kurzer Zeit durch die Messe zu kommen, muss die Angebotspräsentation – der Zugang zu den Angeboten – immer effizienter, klarer und übersichtlicher strukturiert werden.

Zukunftsorientierte Determinanten

Bei den zukünftigen, aktiven Erfolgsdeterminanten steht die *Informations- und Kommunikationspotenz* heute und zukünftig an erster Stelle. Dabei spielt der Informationszugang, wie bereits zuvor geschildert, vor, auf aber auch nach den Messen eine immer stärkere Rolle. Das Überschütten mit Einladungen, Fachanzeigen und Presseinformationen wird hinsichtlich der Effizienz von den Besuchern immer geringer eingeschätzt. Die internationalen Messetermine sind den Besuchern zu über 98 % bekannt – und mehr als 80 % der Besucher wissen, wen sie auf den Messen wo antreffen. Wenn also keine besonderen Umstrukturierungen oder neue Messekonzepte realisiert werden, muss die Informationsintensität nicht erhöht werden. Viel mehr geht es darum, auch Besucher mit kleinem oder mittlerem Einkaufsvolumen ähnlich intensiv in den Informationsfluss über kommerziell nutzbare Inhalte einzubeziehen wie die Großkunden.

Hier sind Messe, Aussteller und Veranstalter aufgerufen, noch intensiver und sachlicher und so früh wie möglich die Besucher über das Angebot zu informieren. Gerade mit den neuen Techniken und Medien kann sich der Besucher wesentlich effizienter auf den Messebesuch vorbereiten, und er fasst dies auch als Erfolgsdeterminante auf. Die Messeplanung – im Sinne eines engen Informationsverbundes zwischen Aussteller und Messen – wird daher gerade international zunehmend als wichtig für die Messeeffizienz eingestuft. Erstaunlicherweise nimmt dabei auch die neuerliche Information über bekannte Angebotsteile in ihrer Bedeutung zu. Das zeigt: Vernünftige Informationen, also solche, die ein Gesamtbild entstehen lassen, sind offenbar genau so wichtig wie echte News.

Um die Effizienz des Messebesuchs zu erhöhen, kann sich der Besucher über das bereits bekannte Angebot vorab informieren und kommunizieren und damit mehr Zeit für das Neue, die Premieren im Messeangebot gewinnen. Da zu diesem Zweck mittlerweile schon eine Fülle neuer Techniken und Medien sowie Webseiten anderer kommerzieller, traditioneller Informationsanbieter, wie Fachzeitschriften,

Trendbüros und Einkaufsberatern, entstanden sind, wird der Wunsch nach Koordination dieses Angebots durch die Messen deutlich und damit als Messeerfolgskonzept für die Messeveranstalter gesehen.

Als Beispiel das „Profisystem" auf der internationalen Schuhmesse GDS: Aussteller zeigen am Computer ihr Standardangebot und können sich am Stand selbst auf Innovationen konzentrieren. Bei entsprechender Erweiterung kann der Kunde ordern, das Lager des Herstellers nimmt den Auftrag an und saldiert den Bestand neu. Dies zu Messezeiten und an messeeigenen Computern ist ein Einstieg ins Online-Business-to-Business-Geschäft. Es ist Messeangebot und entlastet die Standbesatzung. Der Aussteller bezahlt für die Erstellung dieser Computerverkaufshilfe einen Betrag an die Messe. Das System könnte bei entsprechender Akzeptanz und Integration bezüglich der Sofort- oder Nachorder erheblich helfen, dem Handel beim Messebesuch mehr Zeit für das wirklich neue Angebot zu geben.

Trend- und Innovationsinformationen sind für die Besucher vor und auf der Messe auch wichtig, doch ist zu beachten, dass sie eigentlich den Trend mitbestimmen möchten. Auch wenn es so manch traditionellem Besucher ein Bedürfnis ist, am ersten Messetag an den Trendinformationen der Messe, der Aussteller oder von Fachorganen teilzunehmen, wird immer deutlicher, dass die Trendbildung im Laufe der Messe als eigentlicher Erfolgsfaktor zu werten ist. Denn Trends – und das ist die Erfolgsdeterminante und damit die Scoutfunktion einer Messe – entstehen oft erst auf Messen, eben durch das Aufeinandertreffen von Marktnachfrage und Marktangebot im Sinne eines Spiegelbildes des Marktes. Hier wird deutliche Kritik von den nationalen und internationalen Besuchern geäußert, denen meist nur die Endfassung einer Trendentwicklung nach dem Motto „friss oder stirb" vorgestellt wird. Trendbildung und Trenderfassung hängen zusammen. Wie in einem Pingpongspiel kommen Aktion und Reaktion zusammen. Trenderfassung erfolgt nicht allein rezeptiv sondern zugleich interaktiv. Deshalb stellt der Entscheidungsbildungsprozess bzw. Meinungsbildungsprozess eine wesentliche Messeerfolgsdeterminante dar, durch den der Besucher zum einen die Zielsetzung seines Messebesuchs besser bewerten und sich zum anderen, angesichts des geballten Angebots, eine trendsichere Meinung bilden kann.

Zur Informations- und Kommunikationspotenz gehört auch das Event – das Branchenevent und nicht die Messe selbst, der von vornherein Eventcharakter beigemessen wird. Das Branchenevent, auf oder außerhalb der Messe (aber angebunden) wird nur dann als Messeerfolgsdeterminante gewertet, wenn es in sich einen Wert nicht nur für ausgewählte, sondern indirekt für alle Besucher hat. Mit anderen Worten: Wenn die Eventinformation allen zugänglich ist – wohl wissend, dass angesichts der unterschiedlichen Zielgruppen nicht jeder Besucher daran teilnehmen kann. Wichtig ist jedoch, dass man über dieses Event frühzeitig informiert wird und sich nicht ausgeschlossen fühlt.

Somit stellt die permanente *Integration* des Besuchers in das Messegeschehen zusammen mit der Information, der Kommunikation und der Interaktion das zukünftige Erfolgskonzept schlechthin dar. Dass sich die Besucher durch die Aussteller, aber auch durch die Messeveranstalter, dauerhaft mit dem Messegeschehen verbunden fühlen, bringt eine ganz neue Nutzenbewertung mit sich und begünstigt die Kundenbindung.

Die permanente direkte Kommunikation und *Interaktion* mit dem Besucher schafft national und international eine intensive Bindung. Dies gilt insbesondere bei der Realisierung neuer Messekonzepte, Verlegung von Laufzeiten oder Terminen oder der Einbeziehung neuer Ausstellergruppen. Bei all diesen Veränderungen wünscht sich der Besucher eine stärkere Integration durch eine persönliche, individuelle Ansprache. Durch die permanente technische Integration der Besucher seitens der Messeveranstalter und Aussteller und der davon ausgehenden ebenfalls technischen Interaktionen wird das persönliche Kommunikationsinstrument Messe – seine Branchenmesse – für den Besucher immer interessanter. Gleichzeitig werden alle Messebeteiligten wieder in die Lage versetzt, sich intensiver gesamtheitlich als Branche zu verstehen, und es wird immer weniger Besuchern und Ausstellern einfallen, dieses wichtige Branchenevent zu missen oder gar Alternativen zur Messe zu suchen.

Strategische Determinanten

Bei den strategischen Erfolgsdeterminanten befindet sich an erster Stelle, wie bei allen Messeteilnehmern, das „Messemanagement". Gemeint ist nicht das Management der Messe, sondern die Managementleistung des Besucherunternehmens zur Vorbereitung eines erfolgreichen Messebesuchs.

Hier ist wichtig, dass nicht nur ein Entscheider eines Unternehmens die Messe besucht, sondern das gesamte System bzw. Unternehmen wieder stärker in das Messegeschehen integriert ist. Das bedeutet für den Messeveranstalter, vor allem aus Kostengründen neue Pauschalangebote (Eintritt, Katalog, Reise, Übernachtung etc.) schaffen zu müssen. Denn die persönliche Kommunikation ist für Mitarbeiter der Besucherunternehmen immer noch wichtiger als jeder Internetzugang.

Thema *Intelligence Service*: Fast jeder Besucher braucht Hilfe. Bekommt und findet er sie, wird die Messe für ihn wertvoll. Findet er keine Hilfe, obwohl er sie braucht, so sinkt der von ihm empfundene Messebesuchswert. Der von Messen initiierte und beeinflusste Meinungsbildungsprozess hat eine besondere Bedeutung und kann durch die entsprechenden Serviceleistungen der Messeveranstalter zu einem größeren Erfolgsfaktor werden. Dabei ist nicht daran gedacht, Messebesucher im Rudel über die Messe zu führen, sondern den Besucherteams – vom Einkaufsentscheider bis zum Verkäufer – wieder mehr Transparenz in Sachen Messe zu verschaffen. Es gilt, nicht nur im Vorfeld über die Messe zu informieren und damit den Besucher zu integrieren, sondern ihn vor allen Dingen über das Messegeschehen und danach sachlich und last, not least individuell zu informieren oder besser gesagt, mit ihm in den Dialog zu treten. Hierzu ist der einzelne Aussteller genauso aufgerufen wie der Messeveranstalter und wie die

Einkaufsverbände, nicht zuletzt muss auch der Besucher selbst die Initiative zur Kommunikation ergreifen.

Es genügt nicht, dass auf Abschlusspressekonferenzen ein Gesamtbild gezeichnet wird, Fachzeitschriften ihre oftmals äußerst persönliche Meinung, gegebenenfalls sogar abhängig vom Anzeigenvolumen, wiedergeben, sondern es gilt, objektive Marktdaten und vor allen Dingen qualitative und abrufbare Datenbanken zur Verfügung zu stellen, die es ermöglichen, dass der Besucher sich selbst eine Meinung bilden kann – ein subjektives Bild auf der Basis objektiver Daten. Sicherlich sind hiermit Kosten verbunden – für die Messeveranstalter und die Aussteller. Jedoch wird diese Dienstleistung von den Experten für die Zukunft unter den Gesichtspunkten Informations- und Kommunikationskompetenz, Integration und Interaktion als immer wichtiger erachtet und somit als effiziente zielbezogene Erfolgsdeterminante gewertet.

Die so dringend notwendige dritte Erfolgsdeterminante unter den Erfolgsstrategien, der *Meinungsbildungsprozess*, der mehr ist, als die Aufnahme von Informationen, die Aussteller oder Messeveranstalter in Verfolgung eigener Ziele herausgeben. Es ist wichtiger denn je, eine Messe – den persönlichsten Kommunikator schlechthin – wieder stärker als Medium im Entscheidungs- und Meinungsbildungsprozess zu sehen, das es dem Besucher ermöglicht, sich nicht nur mit vollendeten Tatsachen konfrontiert zu sehen, sondern noch auswählend aktiv in den Prozess einzusteigen – vor allen Dingen dann, wenn er im Vorfeld der Messepräsentation mitgewirkt hat. Aus diesem Grund darf die Erfolgsdeterminante Meinungsbildung nicht nur auf die Messedauer beschränkt bleiben, sie wird dies angesichts der geforderten Effizienz des Messebesuchs auch immer weniger sein. Der Besucher muss vor der Messe über das allgemeine Premierenangebot informiert werden und interaktiv darauf Einfluss nehmen können. Auch wenn die Designer davon wenig begeistert sein werden, muss er Änderungsvorstellungen zum Produkt einbringen dürfen, bevor er seine eigentliche Informations- und Orderentscheidung fällt. Es macht doch keinen Sinn, sich Jahr für Jahr auf Messen zu treffen, viel Geld auszugeben und immer weniger das Gefühl zu haben, dass es sich hier um einen Dialog handelt. Besucher wollen auf Messen auch wirklich ernst genommen werden.

Die *Personalisation*, die Erhöhung des International Customer Value bekommt durch die Möglichkeiten der neuen Techniken und Medien neuen Schub. Die Ausrichtung der Determinanten Product, Price, Promotion und Place auf die Bedürfnisse der Kunden und deren Wertempfinden kann effizienter gestaltet (interaktiv) und ansprechender dokumentiert werden. Voraussetzung hierfür ist jedoch, dass alle Beteiligten der Messe stärker kundenorientiert, um nicht zu sagen besucherorientiert, denken müssen. Denn immerhin sagen zwei Drittel der Messebesucher, dass ein noch beeinflussbares Messeangebot deutlich zur Kompetenzsteigerung der eigenen Person und des eigenen Systems geführt hat. Letztendlich ist der optimale Messeerfolg die Besucheraussage: „Die Messe hat sich für mich gelohnt. Ich war optimal vorbereitet, integriert – durfte mitspielen – und habe durch die Messe individuellen Einfluss auf das Angebot für meinen Kunden."

6. Messemarktarena der Zukunft

Die Grundsatzfrage, ob wir Messen zukünftig noch brauchen, muss mit einem mehr als deutlichen Ja und einer genau so deutlichen Bedingungsliste beantwortet werden. Das heißt für Aussteller, Besucher und vor allen Dingen Messen, sich gemeinsam den Herausforderungen sich dynamisch ändernder Märkte zu stellen. Die guten alten, erfolgreichen Messezeiten sind vorbei – es kommen andere erfolgreiche Messezeiten –, die von allen Beteiligten ein aktives Umdenken verlangen. Die Prognose darf nicht lauten: „Nie wieder wird es so schön wie früher." Richtig muss es lauten: „Es wird spannender denn je – multimedialer denn je – vernetzter denn je – vielleicht ganz anders, als wir heute denken – aber es wird schöner!"

Nicht leicht für die Messeweltmeister, die Messemanager vergangener Jahre, die Standbauer und -burgendesigner und Quadratmetervermittler, Fachjournalisten und Unternehmensberater, die meist schon vor der Messe „wussten", ob sie ein Erfolg wird oder nicht, für die Stadt- und Landespolitiker, die sich gern ihrer Messe während des kurzen Defilees auf dem Messegelände rühmten, für die Hotel- und Immobilienhaie, die trittbrettfahrend ganze Messen und ihre Teilnehmer über den Tisch zogen. Aber auch die Marktforscher, die in ihren Analysen oft Besucher und Aussteller gegen jede Logik wie Äpfel und Birnen zwecks statistischer Übersicht in einen Topf warfen und sie einfach als Obst bezeichneten, sehen sich plötzlich den Anforderungen des Intelligence Service und einer neuen Medienwelt gegenüber. Aber dass dies erfolgreich zu managen ist, zeigen neuere Erfolge einiger deutscher Messeplätze auf, für die Reorganisationen auf allen Ebenen stattfinden mussten.

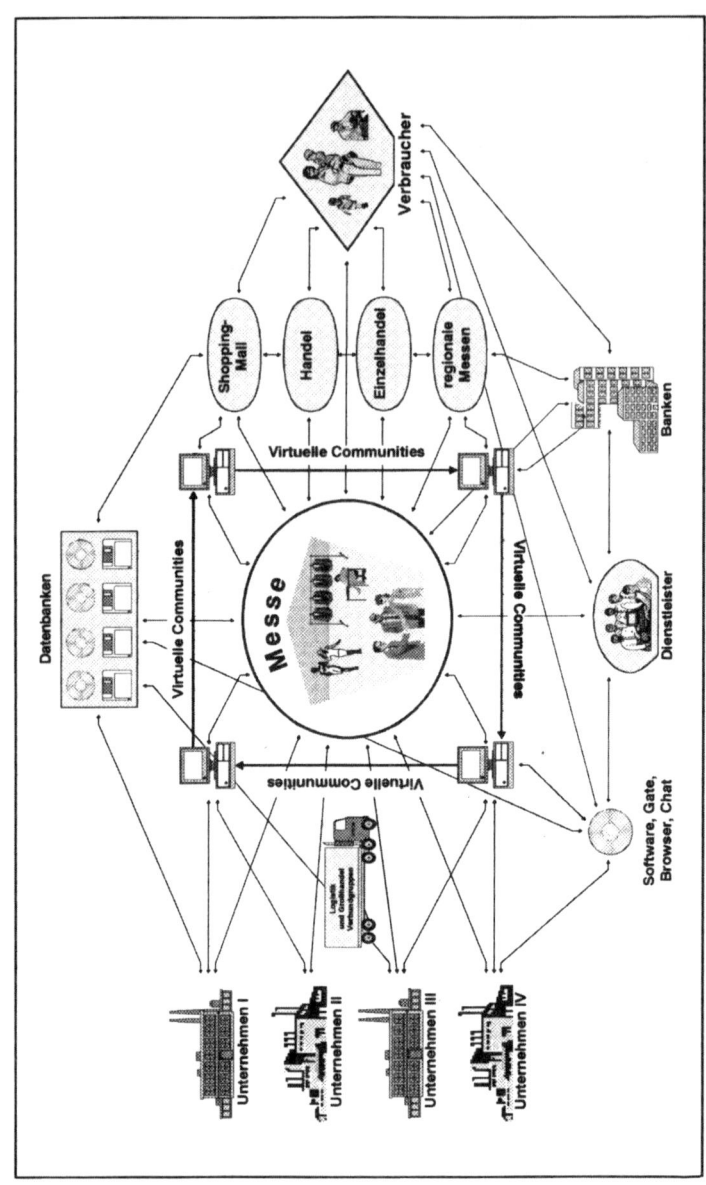

Abbildung 27: Messemarktarena der Zukunft – real und virtuell

Das wissen wir gewiss: Die persönliche Kommunikation wird in Zukunft immer wichtiger, gerade wegen der entstandenen Medienmarktarena, in der alles viel einfacher, viel schneller, viel vernetzbarer, aber gleichzeitig alles viel komplexer und damit fast immer komplizierter wird. Beweis: Fragen Sie einmal Ihren Wirtschaftsprüfer, was er von der „Vereinfachung" der Steuergesetze seitens der Politiker hält. – Das Gegenteil der Vereinfachung. Ganz zu schweigen von den neuen Steueransätzen für mehr Gerechtigkeit und für mehr Arbeitsplätze – leider auch das Gegenteil.

Nichts wird daher in der Zukunft so gesucht sein wie klare und verständliche Aussagen. Nichts wird so wichtig wie die Schnittstelle zwischen Angebot und Nachfrage, der Marktplatz für horizontales und vertikales Business – die Messe. Nur muss sie sich den Herausforderungen von Multimedia, einer optimalen Planung, nachvollziehbarer Inhalte, Umsetzung neuer Aufgaben sowie sich verändernder Markt- und Machtaspekte stellen. Es gibt nur den Bestandsschutz, den die Messen sich selbst erarbeiten.

Reale und virtuelle Vernetzung

Nichts wird mehr so sein, wie es war. Aber wenn wir das Wirrwarr der neuen Marktstrukturen nicht selbst gestalten bzw. in den Griff bekommen, gestalten die Medien und damit neue Marktmacher uns. Die alte Erfahrung: Wer nicht Politik macht, mit dem wird Politik gemacht. Wir reden alle vom Customer-Relationship-Management, vom Supply-Chain-Management oder ganz einfach darüber, den Kunden bzw. Konsumenten wieder in den Mittelpunkt aller Überlegungen zu stellen, ihn zu verketten, zu verknüpfen und schließlich seinen individuellen Bedürfnissen gerecht zu werden. Selbstverständlich marktgerecht. Wie gesagt: Wir reden darüber. Tun wir es doch! Wir befinden uns nach wie vor in Zeiten einer realen Marktsituation. Wir haben Kommunikation von Mensch zu Mensch, aber inklusive der so gepriesenen virtuellen Welt. Was für eine Chance. Verstehen wir uns doch als effizienteste Keimzelle der virtuellen Welt auf realer – persönlicher – Basis.

Messe der Zukunft? Aussteller, Kunden und Verbraucher sind zukünftig immer stärker miteinander verbunden. Dank neuer Software, dank neuer Gates, Türen, Browser und Chats sind alle, die es wollen, quantitativ und teilweise auch qualitativ besser informiert. Die Unternehmen können über Datenbanken direkt mit dem Enduser kommunizieren. Virtuelle Communities verbinden die sich permanent ändernden Geschäftsbeziehungen – Shopping Malls jedweder Form, traditionelle und neue Handelssysteme, Banken, Bibliotheken sind 24 Stunden geschäftsbereit.

Es ist möglich, sich aktuelle Angebote virtuell ins Haus, sogar an den heimischen Herd zu holen – aber irgendwie ist es nicht spannend genug, und die hier zu gewinnenden Eindrücke sind nicht umfassend genug. Die virtuelle Begegnung, so viel Erfahrung hat man schon damit, ist nicht so zielführend wie die direkte Begegnung. Wir müssen und wollen mehr denn je auch wieder live dabei sein – von Mensch zu Mensch, zum Produkt, zur Dienstleistung etc. Das aktuelle Motto könnte lauten: das eine tun und das andere nicht lassen. Virtuelles im Realen. Die „virtuelle Messe" ist doch keine Messe, die rein körperliche Messe dagegen bleibt hinter technischen Informationsmöglichkeiten zurück. Die alte Messe ist tot, auch wenn nicht alle ihre Macher das wissen. Die neue Messe ist die mit dem virtuellen Zusatznutzen. Vielleicht mit weniger Quadratmetern, Standburgen, langweiligen Empfängen und Symposien – aber vielleicht effizienter und kuscheliger zugleich. Man könnte auch sagen, die neuen Messen können wieder richtig Spaß machen.

Fixierung der Anforderungen an Messen

Grundsätzlich lassen sich die heutigen und zukünftigen Erfolgsdeterminanten und -anforderungen entsprechend der Konflikttheorie in vier Grundelemente einteilen (Abb. 28): Ziele, Aufgaben, Markt/Macht sowie nicht zuletzt die alle Konflikte lösende Kommunikation.

Bei den *Zielanforderungen* (Abb. 29) allgemein geht es um eine möglichst klare und nachvollziehbare Aufstellung von Anforderungen sowie um die Gewichtung dieser Anforderungen gegenüber Alternativen und um die Bestimmung der Konfliktintensität bei Teilnahme und Nichtteilnahme an Messen. Hierbei ist auf die Konfliktintensität zwischen den Systemteilnehmern, Ausstellern, Besuchern und Messeveranstaltern selbst, aber auch auf die Konfliktintensität innerhalb dieser Gruppen zu achten. Wichtig ist immer wieder, die Zielanforderung aus der eigenen Sicht und der Sicht der anderen Systemteilnehmer zu bestimmen und zu versuchen, sie in Übereinstimmung zu bringen bzw. sie im Vergleich mit Alternativen zur Messe selbst (inklusive eventuell anderer Messen) zu bewerten. Und dies selbstverständlich unter kurz-, mittel- und langfristigen Gesichtspunkten.

Die unterschiedliche Ausprägung der Konfliktdeterminanten, Ziele, Aufgaben, Rollen, Marktmacht sowie Information und Kommunikation – kurz: die *Aufgabenanforderungen* (Rollen) (Abbildung 30) – macht deutlich, dass die Messe als der Kommunikationsträger und -mittler im Brennpunkt des Informations- und Dispositionsprozesses permanent mit einer hohen Konfliktintensität ausgestattet ist. Eine effiziente Messebewertung ist daher nur möglich, wenn die Messeteilnehmer und die Messe selbst sich dieser Konfliktdeterminanten, aufgeteilt nach den Marketinginstrumenten, je nach unterschiedlicher Zielsetzung, Rolle, Macht und Kommunikationsanforderungen bewusst sind.

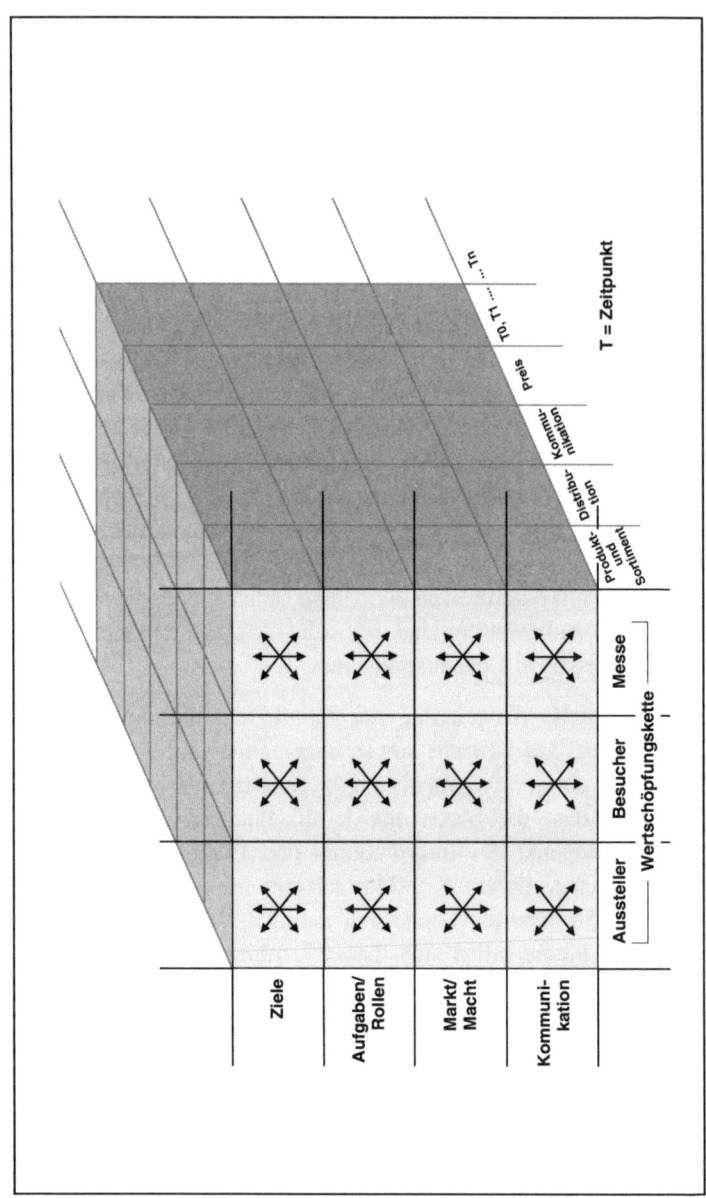

Abbildung 28: Checkliste zur Fixierung der Anforderungen

	Aussteller	Besucher	Messe
allgemeine Ziele	Aufstellen klarer, nachvollziehbarer Zielstrategien und -konzepte, die bezüglich Marktpotenzial und Tragfähigkeit kurz-, mittel- und langfristig auf Zielkongruenz bzw. Zielverträglichkeit überprüft werden		
spezielle Ziele			
Produkt- und sortiments-politische Ziele	* Angebotspräsentation im Branchen- und Konkurrenzumfeld mit möglichst großen Zielgruppen- und Nachfragepotenzialen - Kompetenz - Innovation - Diversifikation	* möglichst vollständige Marktübersicht – Angebot und Nachfrage, Spiegelbild des Marktes - Kompetenz - Innovation - Diversifikation	* möglichst „große" und optimale Zusammenstellung, Organisation und Präsentation der wichtigsten Aussteller und Nachfrager eines Marktes - Kompetenz - Innovation - Diversifikation
Distributions-politische Ziele	* Neukundenansprache * Altkundenbestätigung	* Finden neuer Lieferanten * Bestätigung bestehender Geschäftsbeziehungen	* Finden neuer Aussteller und Besucher * Bestätigung der bestehenden Aussteller und Besucher
Kommunika tions-politische Ziele	* persönliche, reelle Leistungspräsentation * Information/ Kommunikation Entscheidungsfindung	* Marktinformation * Marktkommunikation/ Dialog Entscheidungsfindung * Selbsteinschätzung/ Einbindung * Trendbildung	* Finden des optimalen Kommunikationszeitpunktes des Marktes * Selbstdarstellung * Branchenevent
Freis politische Ziele	* Optimierung der Vertriebs- und Kommunikationskosten	* Optimierung der Beschaffungs- und Kommunikationskosten	* Optimierung der Ausstellungs- und Serviceleistungen bezüglich Kosten und Rendite
	Überprüfung der möglichen Zielkonflikte zwischen den Systemteilnehmern bezüglich Konfliktintensität, Kosten-/ Nutzeneffizienz sowie der eigenen allgemeinen Wertschöpfung in Sachen Messe		

Abbildung 29: Zielanforderungen

	Aussteller	Besucher	Messe
allgemeine Anforderungen	Messen als multimediale, persönliche Aktions- und Schnittstelle des Marketes mit den „Rollen" Gastgeber (Aussteller, Messe) für den Gast (Besucher und Aussteller) beim Gastgeber im Gästehaus mit internationalem Ambiente		
spezielle Anforderungen			
Produkt- und sortimentspolitische Anforderungen	* Standgestaltung, -bewegung und -bewirtschaftung * Organisation, Personal * Selbstdarstellung (Stand, Umfeld, Messe)	* Meinungsbildungsprozess (sammeln, aufbereiten und verarbeiten von Informationen) * Besuchsgestaltung (Ziel/Inhalt)	* Koordination Branche/Markt * Platzierung, Segmentierung * Serviceleistungen * Transparenz/Vergleichbarkeit * Medienintegration
↗	Produkt-/Firmenmanagement _contra_	passives/aktives Gastmanagement _contra_	Branchen-/Firmen- und Messemanagement
Distributions-politische Anforderungen	* Integration in den Informations- und Dispositionsprozess, firmen-, branchen- und messebezogen * Produkt- und Distributionsplanungsprozess (AD, Timing bis Logistik)	* Integration in den Informations- und Dispositionsprozess (Beschaffungsplanung) * Angebots- und Nachfragetiming (Beschaffung, Auslieferung, Präsentation)	* Integration und Bündelung des branchen- und marktbezogenen Informations- und Orderprozessrhythmus, national und international
↗	vertriebspolitische Veränderungen von Angebot und Nachfrage inhaltlich, zeitlich und marktgerecht zu bündeln (permanenter Wandel)		
Kommunikations-politische Anforderungen	* Messevorbereitung * Integration neuer Medien/Techniken entscheidungsrelevante, persönliche Kommunikation * Messenachbereitung (Feedback) * Medienintegration	* Ansprech- und Aufnahmenbereitschaft * Interaktionsbereitschaft, intern/extern – Dialog, Potential, Personal * neue Medien/Techniken	* Kommunikationsmöglichkeiten und Potenziale (Werbung, PR, VF+Event) * Kommunikationspotenzierungspotenzial * persönliche und technische Gegebenheiten
↗	Übereinstimmung und Abstimmung bzw. Verstärkung der Kommunikationsmittel und -träger einerseits individuell, andererseits generell		
Kontrahierungs-politische Anforderungen	* Messebudgetierung anhand der Zielsetzungen * Kosten-/Nutzenanalyse vor, auf und nach der Messe * „Messeinvestitionsrechnung"	* Festlegung bzw. Antizipieren der Messekosten unter Gesichtspunkten der mit der Messe verbundenen Aufgaben im Sinne der eigenen Entscheidungsfindung bezüglich Informationsbeschaffung und -verarbeitung	* Analyse der eigenen Messekosten – mittel-, kurz- und langfristig – im Verhältnis zu den Kosten- und Nutzenerwartungen der Messeteilnehmer
↗	„Gleichgewichtung" von Messekosten und -nutzen für die Messeteilnehmer und die Messe selbst unter besonderer Beachtung alternativer Kommunikationsträger und -mittel		

Abbildung 30: Aufgabenanforderungen (Rollen)

	Aussteller	Besucher	Messe
allgemeine Anforderungen	Messe als permanente, aktuelle und trendweisende Zusammenfassung und Dokumentation der Marktmacht angesichts sich verändernder Angebots- und Nachfragestrukturen – horizontaler und vertikaler Konzentration, Kooperation und Diversifikation		
spezielle Anforderungen			
Produkt- und sortimentspolitische Anforderungen	* Dokumentation der eigenen Marktmacht (Stand, Quadratmeter etc.) * sich absetzen von anderen * sich messen mit anderen	* Dokumentation originärer und derivativer Nachfragemacht bezüglich des bestehenden	* Dokumentation der Marktmacht durch Branchenkompetenz * Kommunikationsverstärker national und international * Vergleichbarmachen des Angebots * Chancengleichheit für Aussteller und Besucher
⇑N	Vermeidung von Machtanwendung bei der Markt- und Machtdokumentation zu Lasten von Ausstellern, Besuchern und Messe		
Distributions-politische Anforderungen	* Nachfragemacht an sich binden * bestehende Nachfrager nicht an andere verlieren * neue Nachfrager von der Konkurrenz gewinnen	* Informations- und Orderentscheidungen, abhängig von den persönlichen Informations- und Kommunikationsmöglichkeiten auf der Messe	* optimale Bündelung der Distributionssysteme für die persönliche Entscheidungsfindung der Branche (Zeit, Ort, Entscheidungsintensität)
⇑N	vergleichbare Behandlung großer, kleiner und neuer Distributionssysteme (Angebot und Nachfrage)		
Kommunikations-politische Anforderungen	* Verstärkung der eigenen Informations-, Kommunikationsmittler und -träger * persönliche Präsentation und Kontaktaufnahme	* Entscheidungsfindung durch Meinungsbildungsprozesse * Angebotsbeeinflussung	* Ermöglichung von Meinungsbildungsprozessen * Kommunikationspotenzierung allgemein und individuell
⇑N	Problematik des allgemeinen und individuellen Kommunikationspotenzierens		
Kontrahierungs-politische Anforderungen	* Messe als Preis-/Leistungsschau gegenüber der Branche * Konkurrenz * Nachfrager * und den Messegesellschaften	* Preisvergleich und direkte bzw. indirekte Preisbeeinflussung	* preis- und vertragspolitische Gleichbehandlung
⇑N	Machtausübung durch Preisdifferenzierung zwischen Messe, Angebot und Nachfrage		

Abbildung 31: Markt-(Macht-)Anforderungen

	Aussteller	Besucher	Messe
allgemeine Anforderungen	„Wettbewerbsevent Messe" muß allen Teilnehmern eine positive Konfliktaustragung durch persönliche Information und Kommunikation im Sinne von allgemeiner und individueller Wertschöpfung ermöglichen		
spezielle Anforderungen			
Produkt- und sortimentspolitische Anforderungen	* kommunikationsfähiges Angebot * kommunikations- und informationsfähige Organisation und Technik * Informationsverarbeitung und Entscheidung	* kommunikationsbereiter Nachfrager * kommunikationsbereiter Entscheider	* Kommunikationsberater und Vermittler * Projekt-/ Branchenmanager * alte und neue technische Medienintegration
↗	Unterschiedliche Kommunikationsbereitschaft und -fähigkeit der Messeteilnehmer und Messe selbst		
Distributions-politische Anforderungen	* allgemeine Vertriebsinformation und -kommunikation * differenzierte Information und Kommunikation entsprechend unterschiedlicher Vertriebssysteme (Segmentierung)	* chancengleiche, vertriebspolitische Information und Kommunikation für die Einkaufsdisposition	* Bündelung der Information und Kommunikation unterschiedlicher Angebots- und Nachfragesysteme * Interessenausgleich zur wettbewerbspolitischen Vergleichbarkeit
↗	Unterschiedliche und sich permanent verändernde Vertriebssysteme schaffen differenzierte Informations- und Kommunikationsanforderungen		
Kommunikations-politische Anforderungen	* eigenständige und sich absetzende Information und Kommunikation * Gesamtmesse- und Branchenkommunikation (Umfeld)	* zeitgleiche Information und Kommunikation zwecks Informationsvorsprung gegenüber Nichtmesseteilnehmern	* Bündelung unterschiedlicher Informations- und Kommunikationsprozesse zur effizienten Entscheidungsfindung aller Messeteilnehmer * organisatorische u. technische Informations-/Kommunikationsvermittlung
↗	Unterschiedliche Informations- und Kommunikationsintensitäten während der Messe		
Kontrahierungs-politische Anforderungen	* qualitative persönliche Kommunikationspotenzierung und Konfliktregelung * Optimierung der Informationskosten auf und durch das „Wettbewerbsevent" Messe	* kosten-/nutzeneffiziente persönliche Information und Kommunikation sowie Konfliktreduktion	* Vermittlung und Wertung der Messe als optimales kosten-/nutzengerechtes Entscheidungsfindungsforum der Branche
↗	Unterschiedliche Informations- und Kommunikationsintensitäten während der Messe		

Abbildung 32: Informations- und Kommunikationsanforderungen

In Zeiten zunehmender Informationsüberflutung und sich ständig ändernder Märkte haben Messen folgende Grundfunktionen unter zunehmender direkter und mittelbarer Einbeziehung des Konsumenten zu erfüllen:

> **Orientierungsfunktion**

Die Messe fungiert zunehmend als die persönliche Orientierungshilfe. Sie unterstützt persönliche Entscheidungsfindung und dialogbezogene Auswahlentscheidung von Angebot und Nachfrage. Voraussetzung: Die Nutzer haben für sich ein System entwickelt, das ihnen eine Aufbereitung der erhaltenen Informationen ermöglicht. Die Mitarbeiter, die eine Messe besuchen, müssen auf diese Aufgabe vorbereitet werden.

> **Identifikationsfunktion**

„Der Markt" ist anonym. Kontakt und Kommunikation verlangen eine Personifizierung. Markt und Branche, Angebot und Nachfrage sowie die Messe selbst schaffen angesichts der quantitativen Informationsüberflutung erst persönliche Identifikation mit dem Markt und mit seiner von allen erzeugten persönlichen Gestaltung. Teil des Ganzen sein zu können ist eine wichtige Vorbedingung für Positionsveränderungen und Positionskämpfe.

> **Kompetenzfunktion**

Die Qualitätsvermutung von Messen schafft Sicherheit bei sich permanent verändernden Informations- und Kommunikationsprozessen und den daraus abgeleiteten Strategien und Konzepten für die Messeteilnehmer. Messen weisen zunehmend einen Gebrauchs-, aber auch, abgeleitet von der Identifikation, einen Gestaltungsspielraum auf. Alle Messenutzer müssen vorbereitet sein, diesen Spielraum zu finden und zu nutzen.

> **Vertrauensfunktion**

Der Messe wird aufgrund ihrer Kommunikationsintensität, Kompetenz-, Orientierungs- und Identifikationsfunktion und damit Reputation

Vertrauen entgegengebracht, das sich insbesondere im Sinne eines persönlichen Branchenvertrauens ihrer Teilnehmer inklusive dem Messemanagement ausdrückt. Das Messemanagement muss auf allen Etagen daran arbeiten, diese Funktion zu stärken. Dafür muss es erkennen, welche Umstände und Bedingungen die Messe schwächen oder begünstigen.

> **Prestigefunktion**

Die Messe erfüllt für den Messestandort, aber insbesondere die Messeteilnehmer, Aussteller, Besucher und andere Kommunikationsträger – Presse, Experten bis hin zu Meinungsführern aus der Sicht des Verbrauchers – Image- bzw. Prestigefunktionen in einem sozialen Umfeld, national und insbesondere international. Das Prestige einer Messe strahlt ab auf Aussteller und Besucher – die Prestigebildung selbst ist aber schon abhängig von Ausstellern und Besuchern. Jeder Teilnehmer ist „Messebotschafter", und er sollte sich darüber im Klaren sein.

All diese Messefunktionen sind hinsichtlich der dargestellten Anforderungen nicht zu analysieren und zu bewerten, sondern insbesondere zeitbezogen, konzeptionell und vor allen Dingen strategisch zu antizipieren. Sie zu kennen ist die Voraussetzung sowohl für das Erkennen messeindividueller Ausprägungen als auch für die Möglichkeit, sich zum eigenen Nutzen in das System Messe einzuschalten. Jeder, der eine Messe besucht, auf ihr ausstellt oder sie ausrichtet, muss um diese Funktion und ihre Wechselwirkung wissen. Überraschungen werden Messen dann trotzdem noch zur Genüge bieten.

Nachwort

Lebende Märkte zu formen, das ist eine Aufgabe ohne Ende. Der Weg ist das Ziel, aber das Ziel findet sich nicht einfach am Wegesrand. Eine gute Theorie ist Pflicht für alle Praktiker. Und dennoch: Bei aller Analyse zum Thema Messen heute und morgen und so wichtiger Messebewertung, Messeerfolgsrechnung und damit Kosten-/Nutzenanalyse bleibt letztendlich noch vieles offen in Sachen Messen und Messemarketing – und das ist gut so! Noch klingen die Worte unserer hochkarätigen Interviewpartner in den Ohren, wenn man sie nicht nur nach den rein sachlichen Aspekten einer Messe befragt, sondern es ganz einfach „sprudeln" lässt. Begriffe wie: Messe – Zeitgeist – Event – lebendiges Spiegelbild des Marktes – Fokus von Gesellschaft, Markt und Marketing – Spiel des Lebens – Provider – Transmitter – Verstärker – Reflektor – kurzum der persönlichste Kommunikator in einer sich permanent und rasant verändernden Angebots-, Nachfrage- und vor allen Dingen Kommunikationswelt. Heiß geliebt, gehasst, aber unentbehrlich – und behaftet mit der Dauerfrage: „Gehen wir das nächste Mal wieder hin!?"

Messen erinnern stark an ein anderes Thema: Sportevents, zum Beispiel erste Fußball-Bundesliga, Champions League. Die Parallelen: Nichts ersetzt das persönliche Dabeisein, das echte Erlebnis, das Gefühl dazu zu gehören. Das hautnahe Leiden der Besucher mit den Vereinen, den Akteuren oder auch Ausstellern. Ob verloren oder gewonnen – der Frust über die Niederlage, die Freude über den Sieg oder die Spannung über das Unentschieden. Irgendwie geht man ganz anders nach Hause als man hingegangen ist. Es gibt nicht nur den Mythos Fußballsport, der alle Besucher, Akteure und Veranstalter unterhält. Es gibt auch den Mythos Messen. Hier wie da geht es nicht nur ums Gewinnen, Verlieren oder ein neutrales Unentschieden, was oft schon als Sieg oder Niederlage verstanden wird. Es geht um Bestätigung, Akzeptanz, Ablehnung oder ganz einfach ums Kommunizieren selbst. Während die einen sich schon auf dem Rückweg vom Spiel die Plätze für das nächste Mal besorgen, sind die anderen der Ansicht „einmal und nicht wieder", um dann spätestens beim nächsten Event doch wieder dabei zu sein. Trotz permanenter Liveübertragungen weltweit, trotz digitalem Informationssystem vor, bei und nach dem Spiel, trotz Medienflut, Werbung, Business.

Zuschauen und Dabeisein macht nur Spaß, wenn Überraschungen möglich scheinen. Wir sind weit davon entfernt, dass die qualifizierte Prognose das Spiel ersetzt oder durch die Kosten- und Plankostenrechnung par excellence der Messeerfolg bzw. der Spielausgang vorausgesagt werden könnten. Denn immer wieder gelingt es kleineren und neuen Akteuren, Kopfspieler und Marktführer zu schlagen oder ihnen Paroli zu bieten. Das macht eben Spaß, trotz aller Alternativen. Es verändert den Markt und macht eine neue Runde erforderlich.

Vor leeren Rängen zu spielen, wie es zum Beispiel im Frühjahr 1999 nach dem Schließen des Börsenparketts in Tokio mit leeren Börsenhallen zu sehen war, mag angesichts alternativer Kommunikationsmittel rein sachlich effizient sein. Aber der Abschied von dem Börsenspektakel, dem Geklapper, den Zurufen, dem Schwitzen und dem noch Just-in-time-Platzieren wird nicht leicht fallen. Trotz 24-Stunden-Online-Verfügbarkeit wird schnellstens etwas Neues gebraucht. Und wenn es nur eine Aktienmesse ist. Live!

Literaturverzeichnis

AHLERT, D., BECKER, J., OLBRICH, R., SCHÜTTE, R. (Hrsg.): Informationssysteme für das Handelsmanagement, Berlin Heidelberg 1998

AHLERT, D., BECKER, J., KENNING, P., PROBST, C. (Hrsg.): Handelsinformationssysteme 1999, Internet & Co. – Der elektronische Dialog mit dem Kunden, Tagung in der Westfälischen Wilhelms-Universität Münster, Münster 1999

ANDERER, M.: Internationalisierung im Einzelhandel, Frankfurt am Main 1997

BACKHAUS H., ZYDOREK, CH.: Von der Mustermesse zur ubiquitären Messe, in: Märkte im Dialog, Hrsg. Meffert, Necker, Sihler, Leipzig 1997

CONRADI, E. V.: Konsumgüterhandel im Zeichen der Internationalisierung und Globalisierung, in: GfK Handelsforum '98, Globale Unternehmensstrategien – Voraussetzung für Wachstum und Zukunftssicherung, Nürnberg 1998

DIELENSCHNEIDER, R.: Messemarketing – von der Präsentation zur Inszenierung, in: Workshop der Wissenschaftlichen Gesellschaft für Marketing und Unternehmensführung e.V., Münster 1997

FUCHSLOCHER, H.: Die Funktion nationaler und internationaler Modemessen, in: Handbuch Modemarketing Band 1, Frankfurt am Main 1999

FUCHSLOCHER, H.: Marketingstrategien der Industrie, in: Handbuch Modemarketing Band 1, Frankfurt am Main 1999

FUCHSLOCHER, H.: Ziehen Sie Ihren Kunden wieder an!? Düsseldorf 1997

FUCHSLOCHER, H.: Euro-Fashion-Marketing. Mentalitäten, Mode, Menschen, Teil 2 - Osteuropa, Düsseldorf 1995

FUCHSLOCHER, H.: Mode-Marketing im Umbruch – Weichenstellung für die Zukunft, Düsseldorf – München 1994

FUCHSLOCHER, H.: Die Umwelt und der Stoff aus dem die Mode ist – Umweltmarketing contra Modemarketing?! Düsseldorf 1993

FUCHSLOCHER, H.: Euro-Fashion-Marketing. Mentalitäten, Mode, Menschen, Teil 1 – Westeuropa, Düsseldorf 1992

FUCHSLOCHER, H.: „E"Motion Mode Marketing, Düsseldorf 1990/91

GOEHRMANN, K. E.: Messen im Wandel – Perspektiven der Messegesellschaften, in: Workshop der Wissenschaftlichen Gesellschaft für Marketing und Unternehmensführung e.V., Münster 1997

HAZELET, P.: Die Messe als Scout. In: Meffert, Necker, Sihler (Hrsg.): Märkte im Dialog, Leipzig 1997

HERMANNS, A., SCHMITT, W., WISSMEIER, U. K. (Hrsg.): Handbuch Modemarketing, Frankfurt am Main 1999

HOCHHEIMER, H.: Die Stabsstelle der Branche. In: TM Exklusiv, Sondernummer der Textil-Mitteilungen, Juli 1999

HOCHHEIMER, H.: Köln: Den Wandel gestalten. In: TM Textil-Mitteilungen, Nr. 26/99

IMAGE GmbH: Die Messe besser nutzen, Frankfurt/Main 1998

KÖRFER-SCHÜN, P.: Dienstleistungsorientierung: Schlüsselkompetenz im Messewesen. In: Meffert, Necker, Sihler (Hrsg.): Märkte im Dialog, Leipzig 1997

KREBS, H.: Erleben, dass Messe ist: Der „regional impact". In: Beilage der Süddeutschen Zeitung Nr. 260, 11.11.98, S. II

LÜCKMANN, R.: Neue Messechefs gehen neue Wege. In: Handelsblatt Nr. 7, 12.01.1999, S. 49

MARZIN, W.: Der „Export" von Messekonzepten – Bestandserhaltungsstrategie und Dienstleistung. In: Meffert, Necker, Sihler (Hrsg.): Märkte im Dialog, Leipzig 1997

MEFFERT, H.: Markenführung – Herausforderung und Konzepte aus der Sicht der Wissenschaft. In: Symposium '98 der Marketing Alumni Münster, Renaissance der Marke – Herausforderungen und Konzepte der Markenführung, Münster 1998

MEFFERT, H.: Messemarketing im Wandel – Status Quo und Perspektiven, Workshop der Wissenschaftlichen Gesellschaft für Marketing und Unternehmensführung e.V., Münster 1997

MEFFERT, H.: Neuere Entwicklungen in Kommunikation und Vertrieb. In: Meffert, Necker, Sihler (Hrsg.): Märkte im Dialog, Leipzig 1997

MÜLLER-HAGEDORN, L. (Hrsg.): Trends im Handel, Frankfurt am Main 1997

NECKER, T.: Globale Herausforderung, Dienstleistungs- und Informationszeitalter. In: Meffert, Necker, Sihler (Hrsg.): Märkte im Dialog, Leipzig 1997

196 Literaturverzeichnis

OBERGFELL, G.: Messemarketing zwischen Marketingintegration und Erfolgskontrolle, in: Workshop der Wissenschaftlichen Gesellschaft für Marketing und Unternehmensführung e.V., Münster 1997

OHK, K. D.: Messe per Mausklick. In: Textil-Mitteilungen Nr. 4, 1/99, S. 12

RICHTER, K. H.: Kommunikationsinstrument Messe – Bestandteil des integrierten Marketings. In: Meffert, Necker, Sihler (Hrsg.): Märkte im Dialog, Leipzig 1997

SCHMITZ, U.: Messemarketing auf dem Weg zur Internationalisierung. In: Workshop der Wissenschaftlichen Gesellschaft für Marketing und Unternehmensführung e.V., Münster 1997

SCHOMMER, K.: Der Weg in die dritte Messegeneration. In: Meffert, Necker, Sihler (Hrsg.): Märkte im Dialog, Leipzig 1997

SIHLER, H.: Die Kraft der alten Marke – die Revitalisierung des MM. In: Meffert, Necker, Sihler (Hrsg.): Märkte im Dialog, Leipzig 1997

SPÄTH, L.: Deutschlands Messen – der Region entfremdet, der Globalität verpflichtet? In: Meffert, Necker, Sihler (Hrsg.): Märkte im Dialog, Leipzig 1997

STAUDTE, W.: Messe auf Rekordkurs. In: Der Handel 1/99, S. 40

STROTHMANN, K.-H.: Entwicklungsperspektiven des Messemarketing aus der Sicht der Wissenschaft. In: Workshop der Wissenschaftlichen Gesellschaft für Marketing und Unternehmensführung e.V., Münster 1997

UEDING, R.: Management von Messebeteiligungen – Bericht auf der Basis einer empirischen Untersuchung. In: Workshop der Wissenschaftlichen Gesellschaft für Marketing und Unternehmensführung e.V., Münster 1997

VOSS, K.: Globalstrategie soll den Standort sichern. In: Handelsblatt Nr. 7, 12.1.99, S. 45

WOHLFAHRT, C.: Leipziger Messe – MM – Messe und Mehr. In: Meffert, Necker, Sihler (Hrsg.): Märkte im Dialog, Leipzig 1997

Abbildungsverzeichnis

Abbildungsverzeichnis 199

Die Autoren

Hermann Fuchslocher, Dipl.-Kaufmann, praktiziert als Unternehmensberater mit einem Team von Experten branchenspezifisches Marketing im Sinne von Analyse, Planung und Umsetzung täglich aufs Neue. Die HFU Hermann Fuchslocher Unternehmensberatung GmbH ist seit 1984 in der Marketingberatung mit den Schwerpunkten Markt- und Marketingforschung sowie in der Erstellung von Unternehmensanalysen für Messen, Industrie, Handel, Modezentren und Branchenverbände tätig.

HFU Hermann Fuchslocher Unternehmensberatung GmbH (BDU)
Xantener Straße 10, 40474 Düsseldorf
Telefon: 02 11 / 43 99 37, Fax: 02 11 / 4 54 14 69
E-Mail: hfu@hfu.de, Internet: http.//www.hfu.de

Harald Hochheimer ist Wirtschaftsjournalist mit langjähriger Erfahrung in den Bereichen Food/Gastro/Catering. Messebesuche gehören seit mehr als 20 Jahren zu seinem Berufsalltag. Messeanalysen und -bewertungen sind immer wieder Inhalte in Gesprächen mit Besuchern, Nicht-Besuchern und Messe-Machern. Harald Hochheimer ist Chefredakteur der Fachzeitschrift Textil-Mitteilungen.